EL ESPÍRITU SANTO DE LOS TESTIGOS DE JEHOVÁ

Por, Mike Latorre (MA Estudios Teológicos)

Introducción

Este libreto es el resultado de haber escuchado y visto los retos y ataques de parte de un culto pseudo cristiano hacia la persona del Espíritu Santo. No pretendo en ninguna forma responder al tema de manera exhaustiva. Todo lo contrario, veo este libreto más que nada como una introducción al tema de: El Espíritu Santo de los Testigos de Jehová.

Existe mucha información en español mediante videos en las redes sociales y mucha literatura por escrito sobre este culto religioso de los Testigos de Jehová. Pero la gran mayoría de ese material se dirige hacia; su historia, sus fraudes y literatura deshonesta, sus falsas profecías y doctrinas anti bíblicas, los temas de la Trinidad y la persona de Cristo Jesús. Lastimosamente, no se ve mucha información apologética en cuanto a la doctrina de los Testigos de Jehová y sus argumentos en contra de la persona del Espíritu Santo.

Muchos maestros y apologistas cristianos no comprenden la clave del éxito en los métodos de los cultos pseudo cristianos. No se dan cuenta que ese éxito se debe en gran parte a la simpleza de su mensaje y la facilidad con la cual se dan a entender. Por ejemplo, el cristiano preparado logra ver fácilmente lo ingenuo que son los argumentos de los Testigos de Jehová en su intento de justificar sus doctrinas anti bíblicas. El problema es que el Testigo de Jehová tocando a su puerta no va en busca de apologistas cristianos preparados para debatir. Va en busca de ovejas indefensas y desprevenidas para robarlas del rebaño.

Por lo tanto, este libreto más que nada viene a ser ese material que intenta llenar un poco de ese vacío en la literatura apologética cristiana. Por eso no contiene un enfoque técnico abarcando mucha gramática, sintaxis y exégesis. Más que nada, su propósito es ayudar a personas que no han logrado un alto nivel académico. Que ellos también puedan entender, defender su fé y sentirse firmes ante las artimañas y ataques del enemigo, (Mateo 11:25).

Agradecimientos

Agradezco a Dios por la oportunidad de aportar algo a su reino que pudiera edificar almas. Por la guianza de su Espíritu Santo, su eterno amor y misericordia que son nuevas cada mañana. Agradezco a mi hermano Luis Carlos Reyes por su amistad, su apoyo y su insistencia para que escribiera este libreto. A mi hermano Carlos Garbira de MIAPIC, por su amistad, sus revisiones al texto y sus entrevistas. Y un agradecimiento especial al Dr. Robert Bowman y el Dr. Leland Ryken por el uso de sus publicaciones.

CAPÍTULO 1

El Espíritu Santo: ¿Quién es? ¿Es una persona o es una cosa?

La respuesta a esas preguntas depende con quien esté hablando. Si está hablando con un cristiano le dirá que el Espíritu Santo es Dios mismo. Pero si está hablando con un Testigo de Jehová le dirá que el Espíritu Santo es la fuerza de Dios, pero no Dios mismo.

Así de simple es la diferencia entre el cristiano y el Testigo de Jehová cuando se trata del Espíritu Santo. El cristiano habla con el Espíritu Santo todos los días en oración. El Testigo de Jehová no puede porque para él, el Espíritu Santo no entiende nada ni sabe nada. Es como la corriente eléctrica, una fuerza, un viento, un poder, pero no es alguien a quien dirigirse en oración.

De manera más sencilla: el cristiano cree que el Espíritu es una **"persona"** Divina. El Testigo de Jehová cree que es simplemente, un **"poder"** Divino.

¿Cuál es la diferencia entre una **"persona"** y un **"poder"**?

- a. Una persona posee mente, tiene inteligencia, puede pensar y razonar. Un poder no tiene mente, no entiende nada ni sabe nada.
- b. Una persona tiene emociones: ama, odia, se alegra y se entristece. Un poder no posee ninguna de esas propiedades.
- c. Una persona tiene voluntad propia y toma sus propias decisiones. Un poder no decide nada porque no tiene voluntad propia.
- d. Una persona habla y entiende lenguaje humano, es decir, lenguaje abstracto, mientras que un poder no habla ni entiende ni sabe nada.

Es por estas razones que, a diferencia del cristiano el Testigo no tiene una relación personal e íntima con el Espíritu Santo. Pero, sí hay algo que quiero dejar en claro en este libro, y es, que los Testigos de Jehová no pueden sostener los argumentos que predican en contra de la persona del Espíritu Santo ante la luz de la Escritura. La razón principal es que no existen criterios válidos que hayan aplicado para la persona de cualquier otro espíritu en la Biblia que no se pudiera aplicar al Espíritu Santo para demostrar su persona.

En otras palabras:

De cualquier forma legítima que se pudiera medir un espíritu en la Biblia para ver si es una persona, cuando se aplica esa misma vara de medir al Espíritu Santo, la Biblia revela indiscutiblemente que el Espíritu Santo es una persona.

La Biblia revela también que el Espíritu Santo es Dios, increado y eterno.

Por ejemplo: si el Espíritu Santo fuese Dios mismo, entonces mentirle al Espíritu Santo sería mentirle a Dios mismo. Y eso es precisamente lo que vemos en Hechos 5:3-4. También podemos saber que el Espíritu Santo es Dios, porque Él posee los atributos de Dios mismo. Su omnipresencia se ve en Salmos 139:7-8, Él conoce y entiende la mente de Dios como sólo Dios la puede conocer y entender, 1ª Corintios 2:10-11. Más adelante veremos la evidencia de esto. Por ahora nos enfocamos en el testimonio bíblico en cuanto a la persona del Espíritu Santo.

¿Cómo sabemos que el Espíritu Santo es persona? ¿Qué nos dice la Escritura?

En 1ª Corintios 2:10, vemos claramente que el Espíritu Santo tiene una mente propia que piensa, examina y razona como solo una persona puede pensar, examinar y razonar:

"Ahora bien, Dios nos ha revelado esto por medio de su Espíritu, ***pues***

el Espíritu lo examina todo, hasta las profundidades de Dios" (1ª Corintios 2:10 – NVI).

En Romanos 15:30 se revela que el Espíritu Santo siente emociones personales como el amor:

*"Les ruego, hermanos, por nuestro Señor Jesucristo y por **el amor del Espíritu**, que se unan conmigo en esta lucha y que oren a Dios por mí"* (Romanos 15:30 – NVI).

En Efesios 4:30 se lee que el Espíritu Santo siente emociones personales como la tristeza:

*"Y **no contristéis al Espíritu Santo de Dios**, con el cual fuisteis sellados para el día de la redención"* (Efesios 4:30 – RV1960).

Y en 1ª Corintios 12:11 se declara que el Espíritu Santo posee voluntad propia y ejerce decisiones de acuerdo con Su propia voluntad de la manera en que una persona posee voluntad propia y ejerce decisiones de acuerdo con su propia voluntad:

*"Es el mismo y único Espíritu quien distribuye todos esos dones. **Solamente él decide** qué don cada uno debe tener"* (I Corintios 12:11 – NTV).

El Espíritu Santo es quien aconseja, enseña y consuela de la manera en que la persona del Hijo aconsejaba, enseñaba y consolaba a Sus discípulos según Juan 14:16-26 y Juan 15:26:

*"Más el Consolador, el Espíritu Santo, a quien el Padre enviará en mi nombre, **él os enseñará** todas las cosas, y os recordará todo lo que yo os he dicho"* (Juan 14:26 – RV1960).

*"Pero cuando venga el Consolador, a quien yo os enviaré del Padre, el Espíritu de verdad, el cual procede del Padre, **él dará testimonio** acerca de mí"* (Juan 15:26 – RV1960).

La persona del Espíritu Santo, al igual que la persona del Hijo, puede ser blasfemado. El **paralelo personal** presentado en el contexto de Mateo 12:31-32 entre el Hijo y el Espíritu Santo indica claramente que, así como la blasfemia contra el Hijo del Hombre es blasfemia contra una persona Divina, de igual manera la blasfemia contra el Espíritu Santo es blasfemia contra una persona Divina:

*"Por tanto os digo: Todo pecado y blasfemia será perdonado a los hombres; mas la blasfemia contra el Espíritu no les será perdonada. A cualquiera que **dijere alguna palabra contra el Hijo del Hombre**, le será perdonado; **pero al que hable contra el Espíritu Santo,** no le será perdonado, ni en este siglo ni en el venidero"* (Mateo 12:31-32 – RV60).

En realidad, solo con los textos y las aclaraciones ya presentadas pudiera ser suficiente para la persona honesta sin prejuicios saber que la Biblia presenta al Espíritu como una persona. ¿Por qué? Porque estas son cualidades, atributos, propiedades y características que las personas poseen pero que una fuerza impersonal como la electricidad o el viento no pueden poseer.

O sea que sólo con esto hemos podido ver con claridad que la postura en contra de la persona del Espíritu Santo es una doctrina anti bíblica la cual se pudiera considerar blasfemia contra el Espíritu Santo por cuanto esta doctrina predica directamente en contra de su persona.

Aclaremos otro punto clave en cuanto a la importancia de reconocer que el Espíritu Santo es persona y no un poder impersonal. Y es esto: **que a la vez que se demuestra que el Espíritu Santo es persona, Él es Jehová Dios**. ¿Por qué? Porque solo Jehová Dios es increado y eterno como persona Divina y tanto el cristiano como el Testigo de Jehová reconocen que el Espíritu Santo es increado y eterno.

En otras palabras, sea como el poder intrínseco en Dios como enseña la Sociedad Atalaya o sea como una persona Divina en Dios como enseña la doctrina de la Trinidad, de igual manera el Espíritu Santo es increado y eterno. Entonces, al tiempo que se demuestra que el Espíritu Santo es persona, no puede ser otra persona que no sea el mismo Jehová Dios increado y eterno.

Y tal vez, no lo ha notado, pero apenas ha comenzado la introducción y ya quedó demostrado con bases bíblicas quién es, realmente, el Espíritu Santo.

Pero por un momento volvamos a este asunto del Espíritu Santo como consejero y consolador; porque si usted no tiene una relación personal con el verdadero Espíritu Santo, no tiene una relación personal con Cristo Jesús.

*"Por tanto, os hago saber que nadie que hable por el Espíritu de Dios llama anatema a Jesús; y **nadie puede llamar a Jesús Señor, sino por el Espíritu Santo**"* (1ª Corintios 12:3 – Reina Valera 1960).

El Espíritu Santo fue quien nos reveló a Cristo Jesús como nuestro único y suficiente salvador. Y al no tener una relación personal con Cristo Jesús, tampoco podemos tener una relación personal con Dios Padre, porque, así como el Espíritu Santo es el único quien nos puede revelar al Hijo, de igual manera el Hijo es el único quien nos puede revelar a Dios Padre:

*"Todas las cosas me fueron entregadas por mi Padre; y nadie conoce al Hijo, sino el Padre, ni al Padre conoce alguno, sino el Hijo, y **aquel a quien el Hijo lo quiera revelar**"* (Mateo 11:27 – Reina Valera 1960).

Entonces, el que no conoce al verdadero Espíritu Santo, no conoce al verdadero Hijo. Y si no conoce al verdadero Hijo, no conoce al verdadero Dios Padre porque los tres son uno y el mismo Dios. Si se equivoca con el Espíritu Santo, se equivoca con Jesús. Y si se equivoca con Jesús, se equivoca con Dios Padre. Esto quiere decir, que conocer a Dios comienza con recibir el testimonio personal del verdadero Espíritu Santo en su alma. Si usted no ha nacido del Espíritu, está adorando algo que no conoce y necesita nacer de nuevo si realmente quiere ver el reino de Dios según Juan 3:1-7.

Las dos razones principales por las que usted debería saber que el Espíritu Santo es una Persona Divina en Dios es porque: en primer lugar, la Escritura da testimonio de su persona y por ende de su

Deidad absoluta en forma inequívoca. Y, en segundo lugar, si eres cristiano, ¿cómo no vas a saber que el Espíritu Santo es una persona si has nacido de Él y vives en comunión con Él en oración diariamente?

Por estas dos razones es que ningún cristiano que vive en una relación genuina con Dios pudiera ser engañado por Satanás enviando lobos rapaces de puerta en puerta buscando devorar ovejas del rebaño de Cristo Jesús.

Como parte de su postura antitrinitaria, los Testigos de Jehová niegan la persona del Espíritu Santo. En su libreto, "¿Deberíamos Creer en la Trinidad?" ("Should You Believe in the Trinity?", página 20), dice:

*"**Una Fuerza Activa:** En la Biblia, el uso que se le da al **espíritu santo** indica que es una fuerza controlada que Jehová Dios usa para cumplir una variedad de sus propósitos. Hasta cierto punto, **se puede comparar con la electricidad**, una fuerza que se puede adaptar para cumplir una gran variedad de operaciones".*

También, en su página oficial en la Internet, **(jw.org)**, afirman lo siguiente:

*"**El espíritu santo de Dios es su poder**, o fuerza, en acción (Miqueas 3:8; Lucas 1:35). Cuando Dios envía su espíritu, proyecta, o dirige, su energía hacia un lugar en concreto — sea donde sea— para que se cumpla su voluntad (Salmo 104:30; 139:7)".*

Esto quiere decir que el Testigo de Jehová que toca a su puerta no tiene una relación personal con el Espíritu Santo, no tiene comunión con Él, no lo conoce. Por eso se pueden imaginar que el Espíritu Santo es solo viento o electricidad. Porque no saben quien es: ¡No lo conocen!

Consideremos entonces algunos puntos de importancia en cuanto a nuestra relación con el Espíritu Santo:

*"¿O ignoráis que vuestro cuerpo es **templo** del Espíritu Santo, el cual*

está en vosotros, el cual tenéis de Dios (enviado por Dios Padre), y que no sois vuestros?" (1ª Corintios 6:19 – RVR1960).

*"¿No sabéis que sois **templo** de Dios, y que el Espíritu de Dios mora en vosotros?"* (1ª Corintios 3:16 – RVR1960).

Para aquellos que les gusta aprender el verdadero significado de las palabras en su lenguaje original:

Aquí, la palabra que se traduce como **"templo"** en el original del griego es, **"naos"**. La cual es, la número 3485 en la Concordancia de Strong, lo que indica un "santuario", lo cual vendría a ser un lugar santo dedicado a Dios, no a la electricidad de Dios.

El Diccionario Expositivo de Palabras del Antiguo y del Nuevo Testamento Vine nos dice lo siguiente en cuanto a esta palabra:

*"entre los judíos, **el Lugar Santísimo del templo**, en el que solo los sacerdotes podían entrar legítimamente"*

En este sentido, nosotros venimos a ser como una morada del Espíritu Santo. O sea que de cierta forma él vive "con" nosotros y "en" nosotros.

El proceso de la salvación es elaborado por el Espíritu Santo, (Juan 3:3-6, 15:26, 16:8), cuando Él penetra nuestras almas y nos convierte en un "santuario" dedicado a Dios.

Un último punto interesante en todo esto y que se debe tomar con cuidado es el siguiente: que en 1ª Corintios 6:19 "Espíritu Santo" aparece con el artículo definido así como "Dios" aparece con el artículo definido en 1ª Corintios 3:16. Y como veremos más adelante, la misma Sociedad Atalaya enseña que el artículo definido de "el", es algo que nos indica una persona.

Entonces, si el artículo definido nos indica que Dios es persona, de igual manera el artículo definido nos indica que el Espíritu Santo es persona. O sea que aun basándonos en lo que enseñan ellos mismos, sigue siendo fácil ver con claridad cómo la Biblia los contradice. El Espíritu Santo es Dios mismo obrando en el corazón de cada creyente.

En Juan 16:7-11, Jesús les dijo a sus discípulos que enviaría el Espíritu Santo al mundo para "convencer al mundo de pecado, y de justicia, y de juicio". Esto quiere decir, que el Espíritu es quien revela la verdad del Evangelio al corazón del ser humano para producir el cambio espiritual necesario para la salvación. Es decir, Él es quien hace que el ser humano entienda que está viviendo en pecado ante Dios y se arrepienta y reciba a Jesús en su alma para salvación.

Aun después, al sentir dolor cuando fallamos en nuestro camino espiritual, se debe a que el Espíritu Santo vive en nosotros y por eso nosotros sentimos lo que Él siente, Efesios. 4:30.

Jesús dijo que nos enviaría al Espíritu para que fuera nuestro Ayudador, Consolador y Guía. En Juan 14:16 Jesús dijo: "yo rogaré al Padre, y os dará otro Consolador, para que esté con vosotros para siempre". La palabra griega traducida como "Consolador", indica alguien que es llamado a nuestro lado y tiene la idea de alguien que anima y consuela y que nos defiende como un abogado ante un juez en una corte legal. Jesús habló del Espíritu Santo como "compensación" por Su ausencia, para cumplir las funciones que Jesús hubiese seguido llevando si hubiese permanecido físicamente entre los discípulos, y por ende, con todo creyente genuino.

Entre las funciones del Espíritu Santo también está la de revelar la verdad. Eso quiere decir que es el Espíritu en nosotros quien nos ilumina para comprender e interpretar correctamente la Palabra de Dios. En Juan 16:13 Jesús les dijo a Sus discípulos: "Pero cuando venga el Espíritu de verdad, él os guiará a toda la verdad". Él es quien revela a nuestras almas el consejo de Dios. Él es el guía fundamental quien va en nosotros mostrando el camino, abriendo nuestro entendimiento y esclareciendo todas las cosas espirituales. Él es quien nos conduce por el camino que debemos andar con sabiduría de lo alto.

Y la primera y más grande verdad que Él nos revela es esta: quién es el Hijo del Dios viviente: Juan 15:26; 1ª Corintios 12:3.

Es el Espíritu Santo quien nos revela la verdadera identidad de Cristo Jesús: Su encarnación, deidad absoluta, Su vida y sacrificio por nosotros.

Es el Espíritu Santo quien nos convence y nos convierte cuando recibimos a Cristo Jesús en nuestros corazones como nuestro único y suficiente Salvador, aquel que resucitó al tercer día y hoy vive en el cielo exaltado a la diestra de Dios Padre. Es el Espíritu Santo quien nos enseña a glorificar a Cristo Jesús de esta manera (Juan 16:14).

Otra de sus funciones es la de impartir dones. 1ª Corintios 12 describe los dones espirituales otorgados a los creyentes para que podamos funcionar como el cuerpo de Cristo en este mundo. Todos estos dones son impartidos por el Espíritu Santo y aquí está lo tremendo: que son impartidos como el Espíritu Santo piensa que se deben impartir, o sea, de acuerdo con Su propia voluntad (1ª Corintios 12:11). ¿Desde cuándo la electricidad en su casa tiene su propia voluntad? Claramente, y de acuerdo con 1ª Corintios 12:11 el Espíritu Santo es una persona que piensa y medita y decide cuáles son los dones y quiénes los reciben.

El Espíritu Santo es quien produce el fruto de Dios en nosotros. Cuando Él mora en nosotros, Él comienza a obrar para cosechar ese fruto en nuestras vidas.

Gálatas 5:22-23 nos dice que se produce: el amor, el gozo, la paz, la paciencia, la benignidad, la bondad, la fe, la mansedumbre y la templanza. Vivir de esta manera no proviene de nosotros. Vivir para Dios es obra del Espíritu Santo en nuestros corazones. Él es quien produce en nosotros tanto el querer como el poder vivir como Dios quiere que vivamos.

El saber que el Espíritu Santo de Dios ha hecho Su residencia en nosotros, que Él lleva a cabo todas estas funciones milagrosas en nuestras vidas y que nunca nos dejará o desamparará, eso produce ríos de agua viva en nosotros, el gozo de nuestra salvación y el consuelo que Jesús había prometido cuando llegara el Espíritu Santo.

La vida del Testigo de Jehová no conoce acerca de esto porque se fundamenta en el esfuerzo humano. Su relación con Dios se basa en ir de puerta en puerta y no por amor a las almas, sino por miedo a la Sociedad Atalaya. La motivación es la de llenar un formulario y con ese papel demostrar su obediencia y lealtad a la Sociedad Atalaya. ¿Por qué? Porque la Sociedad Atalaya controla sus mentes al 100% y los ha convencido de que solo en las manos de unos ancianos en Brooklyn, New York es que se halla la salvación. Por eso la promesa de Cristo en cuanto al Consolador no se cumple en ellos. La Sociedad Atalaya no les permite tener una relación personal con el Espíritu de la promesa. No lo conocen. Y por cuanto no conocen al verdadero Espíritu Santo, no conocen al verdadero Dios.

Hay que ser claros en esto, los Testigos de Jehová adoran a un Dios Padre distinto al que revela la Biblia. Predican un Jesús diferente y enseñan sobre un Espíritu Santo ajeno a lo que revela esta. Por eso los Testigos de Jehová han sido clasificados correctamente como un culto pseudo cristiano de falsos profetas.

Es una clasificación absolutamente cabal y bien merecida por tanta mentira, fraudes, literatura deshonesta, doctrinas antibíblica y falsas profecías.

CAPÍTULO 2

El Espíritu Santo de la Sociedad Atalaya

Si un Testigo de Jehová le dijera a un cristiano: "El Espíritu Santo es el poder de Dios manifestado", lo más probable es que el cristiano le pudiera responder, "Amén hermano, amén". Y hasta se pudiera creer que el Testigo de Jehová es un cristiano. Esto es, "la falacia del equívoco", donde alguien usa los mismos términos, pero con un significado completamente diferente. El cristiano muchas veces no se da cuenta que el Testigo de Jehová está diciendo algo muy diferente cuando dice que, "El Espíritu Santo es el poder de Dios manifestado". Lo que muchos cristianos no saben es que la Sociedad Atalaya ha hecho que sus seguidores confundan el "poder" del Espíritu Santo cuando se manifiesta con la "persona" del Espíritu Santo quien está manifestando ese poder. Es decir, confunden "la obra" del Espíritu Santo con "quien es" el Espíritu Santo.

Vemos estos ejemplos a manera de comparación:

Dios ama, pero cuando la Biblia dice que "Dios es amor", eso no quiere decir que Dios sea un concepto abstracto o una emoción. Sencillamente que el amor es el atributo principal de la persona de Dios; que ama de manera ideal y perfecta y que por ese amor nos creó y nos redimió amándonos de manera incondicional.

Cuando Jesús dice: "Yo soy el pan de vida", eso no quiere decir que el cuerpo físico de Cristo estaba hecho de trigo. Sino que Él había descendido del cielo para dar vida eterna a todo aquel que le recibiera de corazón.

El Espíritu Santo es quien revela las verdades de Dios a los creyentes, pero cuando la Biblia dice que Él es, "el Espíritu de verdad", eso no quiere decir que el Espíritu Santo sea un concepto abstracto o algún símbolo de la verdad. Sino que Él conoce e imparte la sabiduría de Dios de manera perfecta. O sea, que cuando Él viniera nos hablaría en el lugar de Cristo y nos guiaría hacia toda verdad espiritual.

Esto es un principio básico de la literatura bíblica fácil de entender. Y cuando se trata del Padre y del Hijo, los Testigos de Jehová lo entienden y lo predican sin problema alguno. Pero cuando se trata del Espíritu Santo, este mismo principio básico de la literatura bíblica tan fácil de entender, de repente ya no es aplicable y lo ignoran.

Pero la realidad del caso es que al igual que el Padre y el Hijo, las referencias impersonales en la biblia del Espíritu Santo están describiendo las obras que vino a realizar, **la forma en que Él trabaja**; no están haciendo declaraciones de su naturaleza. Son descriptivas de sus funciones, no de su ontología. Es decir, **esas expresiones no te están diciendo de lo que Él "es" sino de lo que Él "hace"**.

Por otro lado, al igual que el Padre y el Hijo, los pasajes en los que se habla del Espíritu Santo como persona son literales, no son de naturaleza poética. Se encuentran en secciones de las Escrituras que son narrativas y doctrinales o históricas. No hay nada en el contexto de esos pasajes que dé alguna idea de que sean metafóricos como cuando nos revela a veces la manera en que Él obra. En otras palabras, no podemos confundir que **"es"** un referente con las **"acciones"** de ese referente. Pero eso es exactamente el engaño de los Testigos de Jehová.

Si una persona enciende una luz en su hogar, eso no quiere decir que esa persona es una corriente de electricidad. **Una persona no deja de ser persona porque conecta un circuito eléctrico para que brote luz en un cuarto**. Tampoco el Espíritu Santo deja de ser una persona porque alumbra el alma del creyente con luz espiritual.

El Espíritu Santo imparte fuerza y manifiesta el poder de Dios porque para eso fue enviado. Esa es una de sus funciones como persona Divina en la Deidad. Pero el Testigo de Jehová se imagina que el Espíritu Santo es sólo el poder de Dios que se manifiesta y no entiende que Él no es solo el **poder** de Dios que se manifiesta sino que Él es la **persona** que está impartiendo, controlando y dirigiendo ese poder de Dios que se está manifestando. El Espíritu Santo es alguien que Dios Padre ha enviado para que llene al creyente de valor y poder de acuerdo con su propia voluntad, 1ª Corintios 12:11.

Vamos a repasar a manera de introducción algunos de los argumentos principales que ha utilizado la Sociedad Atalaya en contra de la persona del Espíritu Santo:

a. El Espíritu Santo no tiene nombre personal.

b. El uso de pronombres neutros para el Espíritu Santo.

c. El uso de metaforas aplicadas al Espíritu Santo.

d. La Personificación o lenguaje personal aplicado al Espíritu Santo en sentido figurado.

Note con mucho cuidado lo que dan a entender las últimas dos:

c. Que el hecho de que se le aplica lenguaje **impersonal** al Espíritu Santo **nos dice que Él es algo impersonal**.

d. En cambio, el hecho de que se le aplica lenguaje **personal** al Espíritu Santo **no nos dice que Él es alguien personal**.

¿Cuál es el problema con esos razonamientos? ¡El problema es que debería ser al revés!

Los Testigos de Jehová están violando un patrón bíblico de los **referentes espirituales** que ellos mismos aceptan y defienden. Cuando la Biblia presenta un espíritu como una persona, no existe ninguna cantidad de lenguaje poético, ni metafórico, o simbólico que lo pueda hacer impersonal.

Es decir, una vez la Biblia nos presenta un espíritu de origen celestial como una persona, todo lenguaje metafórico impersonal que la Escritura aplica a ese espíritu se interpreta en sentido figurado y no en sentido literal. Esto lo vemos claramente con Dios, los ángeles, Satanás y sus demonios que también son espíritus de origen celestial.

Por ejemplo, cuando la Biblia compara a Dios o a los ángeles con fuego, se sobreentiende que eso es en sentido figurado, poético y simbólico porque han sido presentados como personas. Por lo tanto, y de igual manera, cuando la Biblia compara al Espíritu Santo con fuego, se sobreentiende que es en sentido figurado porque de igual manera ha sido presentado como persona.

Los Testigos de Jehová aceptan y defienden este patrón bíblico para Dios, los ángeles y hasta los demonios. Pero como acabamos de ver en los argumentos anteriores, cuando se trata del Espíritu Santo, de repente dan vuelta y comienzan a manipular los criterios para poder violar este patrón bíblico.

Es decir, que cuando la Biblia dice que el Espíritu Santo es algo impersonal como el fuego, ellos lo quieren interpretar en sentido literal. Pero esto nunca lo hacen con los otros espíritus presentados como personas.

La siguiente es una buena pregunta para cualquier Testigo de Jehová:

¿Me podría mostrar en la biblia algunos ejemplos de espíritus celestiales personificados por favor?

El punto es que el Espíritu Santo es un espíritu celestial y cuando los espíritus celestiales en la biblia son presentados como personas es porque son personas, no personificaciones.

Es bien importante entender cómo los Testigos de Jehová se tienen que contradecir ellos mismos para negar la persona del Espíritu Santo. Están violando este patrón bíblico aceptado y defendido por ellos mismos sabiendo que no existen ejemplos de personificaciones de espíritus celestiales en la biblia. Más adelante estaremos ampliando el tema de la personificación en el "Cuarto Argumento".

Primer argumento: El Espíritu Santo no tiene nombre personal.

En, "Razonando desde las Escrituras" ("Reasoning From the Scriptures", 1989, páginas 406-407), la Sociedad Atalaya escribe:

*"**Sin Nombre:** Las Sagradas Escrituras nos dicen que el nombre personal del Padre es - Jehová. Nos informan que el nombre personal del Hijo es - Jesucristo. **Pero en ningún lugar de las Escrituras se le aplica un nombre personal al espíritu santo**".*

Esa declaración de la Sociedad es del todo falsa porque está basada en una presuposición falsa. La Sociedad Atalaya niega la Deidad absoluta del Espíritu Santo, así como la del Hijo. En otras palabras, lo que realmente están diciendo es: **"ya que el espíritu santo no es Dios, entonces su nombre no puede ser Jehová"**. Pero, para los que reconocemos el testimonio bíblico de que el Espíritu Santo es Dios mismo, entonces su nombre obviamente es Jehová.

Lo explico de otra manera:

Digamos que "Padre" no es un nombre, es un título. Entonces el nombre del Padre como Dios sería, Jehová. Digamos que "Hijo" no es un nombre, es un título. Entonces el nombre del Hijo como Dios sería, Jehová. Digamos que "Espíritu Santo" no es un nombre, es un título. Entonces el nombre del Espíritu Santo como Dios sería, Jehová.

Por lo tanto, es el rechazo de la Trinidad, el rechazo de la Deidad absoluta del Espíritu Santo lo que lleva a los Testigos de Jehová a concluir que el Espíritu Santo no tiene nombre personal.

Veamos el problema que Mateo 28:19 causa para la Sociedad Atalaya en este argumento:

*"Por tanto, id, y haced discípulos a todas las naciones, bautizándolos **en el nombre** del Padre, y del Hijo, y del Espíritu Santo".*

Aquí solo hay dos formas de interpretar el término **"nombre"** y cualquiera de las dos interpretaciones termina en contra de la Sociedad Atalaya:

Si entendemos aquí el significado de "nombre" como **"nombre personal"**, entonces, Padre, Hijo y Espíritu Santo vendrían a ser nombres personales y ya no podrían negar que "Espíritu Santo" es un nombre personal.

Si entendemos el significado de "nombre" como **"autoridad"**, entonces el Padre es una persona que posee y ejerce autoridad propia. De igual manera el Hijo y, así, el Espíritu Santo es una persona que posee y ejerce autoridad propia.

Un poder impersonal no posee ni ejerce autoridad propia porque la autoridad no está en el poder, la autoridad está en aquel quien posee, controla y ejerce el poder. Por ejemplo, la autoridad no está en el **"poder"** de Dios. La autoridad está en la **"persona"** de Dios quien posee, controla y ejerce todo poder.

Entonces, sea **"nombre personal"** o sea **"autoridad"**, en Mateo 28:19 "nombre" es singular y es aplicado a cada uno de los tres de igual manera y cada uno de los tres va de igual manera acompañado por el artículo definido, "el". **Lo que dice del uno, lo esta diciendo de los tres en el mismo sentido**. Y recuerde que el artículo definido de acuerdo con la Sociedad Atalaya nos indica una persona.

Una vez más, vemos cómo se resalta la deshonestidad de la Sociedad Atalaya al afirmar que el Espíritu Santo no es persona por no tener nombre personal, porque la Escritura tampoco registra nombres personales para la mayoría de los ángeles celestiales ni los demonios que se mencionan. La Sociedad Atalaya confirma que:

¡Los ángeles celestiales y los demonios son personas aun cuando no tienen nombre personal!

¿Por qué estos otros "espíritus" que no tienen nombres personales serían personas, pero el Espíritu Santo no puede ser una persona porque "supuestamente" no tiene nombre personal?

La Sociedad Atalaya otra vez se contradicen cuando de un lado enseñan que el Espíritu Santo no puede ser persona porque no tiene nombre personal, pero por otro lado enseñan que **un espíritu no necesita nombre personal para ser persona.**

¿Alguna vez le ha hecho al Testigo de Jehová la siguiente pregunta: **¿Cuál es el nombre de Dios Padre?**

Lo más probable es que le citen a Juan 17:26.

*"Les he dado a conocer **tu nombre**, y seguiré dándolo a conocer, para que el amor con que tú me amaste esté en ellos y yo esté en unión con ellos".*

De acuerdo con los Testigos de Jehová en ese versículo, Cristo está diciendo que literalmente les ha revelado el nombre del Padre y que ese nombre se pronuncia, "Jehová".

¿Cuál es el problema con eso?

¡Pues que no hallamos ningún lugar donde Jesús le llama, "Jehová" al Padre!

Si le presentan alguna biblia que contiene el Nombre Divino en el Nuevo Testamento, simplemente lea cualquier biblia interlineal para que vea que es **añadido** en traducción. **No existe en el griego original**. La Sociedad Atalaya ha inventado varias teorías fantasiosas de corrupciones en los manuscritos griegos que son puros inventos basados en ninguna otra cosa que conjeturas sin evidencia histórica alguna. Lastimosamente, este tema en concreto va más allá del alcance de este libro.

Pero para los lectores de habla inglesa, favor de visitar la siguiente página de Internet para una refutación total de la Sociedad Atalaya en cuanto a este tema del Nombre Divino en el Nuevo Testamento:

JWfacts.com
Jehovah in the New Testament
https://www.jwfacts.com/watchtower/jehovah-new-testament.php

Entonces, una cosa es decir, "Les he presentado a mi Padre", pero eso no es lo mismo que decir, "Les presento a mi Padre, se llama Jehová". Y ahí está el problema. No hallamos ni siquiera una simple expresión dónde Jesús les dice a los discípulos, "Mi Padre se llama, Jehová".

Vemos que en Lucas 4:18-19 Cristo cita a Isaías 61:1-2 en voz alta. Pero no pronunció el Nombre Divino. ¿Cómo lo sabemos? Porque para los Judíos era una abominicación pronunciar el Nombre Divino y ninguno de ellos en ningun momento acusó a Jesús de haberlo hecho. Ni en privado y cuanto menos en público. No existe un texto que pudiera justificar la interpretación de la Sociedad Atalaya en Juan 17:26.

Otro ejemplo es Mateo 6:9. Ese texto debió haberse leído de la siguiente manera: "Vosotros, pues, orareis así: Padre nuestro que estás en los cielos, santificado sea tu nombre, Jehová". Si Cristo realmente hubiese querido pronunciar el Nombre Divino, no podía haber un momento más propicio que ahí mismo en Mateo 6:9.

Para esquivar el hecho de que Jesús nunca se dirige al Padre por su nombre, los Testigos de Jehová dicen que hubiese sido una falta de respeto dirigirse a su Padre con el uso de su nombre. En lo terrenal es tradicional dirigirse a nuestros padres como, "padre" o "madre" y no por su nombre propio. Y que por eso Jesús nunca pronunció el Nombre Divino cuando se dirigía al Padre.

La verdad es que ya no hallan que mas inventar:

Por un lado quieren alegar que en Lucas 4:18-19 Jesús pronuncia el Nombre Divino, a pesar de que eso no aparece en el texto. Por otro lado quieren argumentar que no lo hacía al dirigirse a Dios Padre porque era una falta de respeto, a pesar de que ellos mismos le faltan el respeto de esa manera diariamente. Cuando se dirigen a Dios, le llaman Jehová, no Padre.

Pero veamos algunos puntos importantes en cuanto a este tema del Nombre Divino:

La misma Sociedad Atalaya ha confesado varias veces en sus programas televisivos y como veremos más adelante hasta en su propia literatura que:

¡El Nombre Divino NO se pronuncia, "Jehová"!

En primer lugar, aunque esa hubiese sido la pronunciación correcta del Nombre Divino, de acuerdo a ese argumento de que Jesús como el Hijo de Dios nunca se dirigió a Dios como Jehová por respeto, entonces nosotros tampoco debemos dirigirnos a Dios como Jehová por respeto, pues todo cristiano ha venido a ser hijo de Dios y le debemos ese mismo respeto.

Y recuerde que en la oración modelo de Cristo para Sus discípulos en Mateo 6:9-13, Jesus nos manda a dirigirnos a Él como "Padre", no como "Jehová".

Esto va totalmente en contra de cómo los Testigos de Jehová se dirigen a Dios Padre con el uso de su nombre personal.

En segundo lugar, ninguno de esos argumentos responde al hecho de que no existe un texto donde Jesús les menciona el nombre del Padre a sus discípulos:

¡EN NINGUNA FORMA!

¿Adonde fue que Jesús dijo, "Mi Padre se llama Jehová"?

Si este tema bíblicamente tuviese el lugar de importancia que la Sociedad Atalaya predica, eso es lo que se hubiese necesitado para justificar la interpretación de ellos en Juan 17:26.

Pero aquí está el punto principal de todo esto:

Por cuanto no existe un texto donde Jesús les dice a los discípulos que su Padre se llama Jehová, el Testigo de Jehová DEDUCE que por cuanto el Padre es Dios pues lógicamente su nombre es Jehová aunque no tienen un texto donde Jesús dice eso.

Es un criterio razonable. El problema para ellos es que por medio de esa misma lógica es que se DEDUCE que por cuanto el Espíritu Santo es Dios pues lógicamente su nombre es Jehová aunque no tenemos un texto donde Jesús les dice eso a los discípulos.

El Testigo de Jehová no puede negar el valor de esta lógica porque es la misma que usa la Sociedad Atalaya para con el nombre del Padre.

El problema para ellos sigue siendo que cuando se aplican sus argumentos con equidad al Espíritu Santo, eso revela más de una persona Divina en la Deidad y por ende destruye su doctrina anti trinitaria. Por eso el Testigo de Jehová se retuerce y se contradice tanto negando la persona del Espíritu Santo.

Ahora bien, recuerde que en cuanto usted toque este tema del Nombre Divino con un Testigo de Jehová, inmediatamente va a querer que se convierta en el tema central de la conversación para desviarlo del verdadero tema que es; la persona del Espíritu Santo. No permita que se salga tan fácilmente del tema central.

Pero antes de continuar, quisiera darle alguna información básica sobre esto. Por cuanto este libreto se dirige más que nada a las enseñanzas anti bíblicas de la Sociedad Atalaya, hacemos uso de la pronunciación de "Jehová". Pero, es importante que el cristiano sepa que "Jehová" no es la pronunciación correcta del Nombre Divino. El Nombre Divino se debe pronunciar: "YAHWEH"

"Jehová" es una latinización del Nombre Divino cuya evidencia más antigua fecha del 1270:

"El texto latino más antiguo que usa una vocalización similar a Jehová como nombre propio de Dios, es el Pugio fidei de Raimundo Martí, escrito cerca del 1270"

https://es.wikipedia.org/wiki/Jehov%C3%A1

El problema más obvio para los Testigos de Jehová que demuestra que Jehová es una pronunciación incorrecta, es que la letra "j" en realidad no existía en el idioma hebreo ni griego y hasta en el mismo latín es un derivado de la letra "i":

"no fue hasta el siglo XVI cuando se empezó a considerar la 'J' como una letra con valor propio".

https://es.wikipedia.org/wiki/J

La mayoría de los eruditos académicos apoyan la pronunciación de "YAHWEH":

"según la mayoría de los académicos el nombre Jehová no aparece antes de alrededor del año 1100".

https://es.wikipedia.org/wiki/Jehov%C3%A1

El consenso mayoritario entre los hebraístas también apoya la pronunciación de YAHWEH:

"Los hebraístas han llegado al acuerdo general de que la pronunciación original debe de haber sido Yahveh".

https://es.wikipedia.org/wiki/Jehov%C3%A1

Cuando usted le presente este tipo de evidencias a un Testigo de Jehová, le responderán que ellos no aceptan literatura apóstata. La razón es que a ellos les está prohibido aceptar como verdad cualquier información que corrija o desmienta a la Sociedad Atalaya. Pero lo siguiente, escrito por la misma Sociedad Atalaya posee la autoridad máxima que ellos tienen que aceptar y obedecer, si en verdad son Testigos de Jehová.

La misma Sociedad Atalaya admite que la pronunciación de "Jehová" está equivocada y que se debe a un error ortográfico:

*"La ortografía **incorrecta de Jehová** ocurre desde alrededor de 1100"* (Let Your Name Be Sanctified, Jehovah 's Witnesses, pg. 16-20).

Y admiten que la única razón por la que siguen usándolo es para agradar a los hombres, no por agradar a Dios:

*"Aunque nos inclinamos a ver la pronunciación **'YAHWEH', como la forma más correcta**, hemos conservado la forma **'Jehová' debido a la familiaridad de la gente** con él desde el siglo XIV"*. (Nueva Traducción del Nuevo Mundo, Testigos de Jehová, prólogo pg. 25).

Recuerde que por lo general, cuando un Testigo de Jehová se encuentra refutado aun por la misma Sociedad Atalaya, buscará la manera de escapar hasta eso con tal de salir del apuro. Y seguirá tratando de enredarlo a usted con otros pretextos para escabullirse del verdadero punto aquí.

El cual es; que la razón fundamental en que se basa la Sociedad Atalaya para negar el nombre personal del Espíritu Santo es la de no aceptar que el Espíritu Santo es Dios. O sea que esto no es complicado. Si no es Dios, no se llama Jehová. Pero si es Dios, se llama Jehová.

Profundicemos un poco la importancia de este punto con evidencia concreta. Veamos lo que ha escrito la Sociedad Atalaya en cuanto a la inmutabilidad de Dios:

*"Las normas y los asuntos humanos siempre están variando. En cambio, **Jehová Dios**, el 'Padre de las luces celestes', **es inmutable**"* (Atalaya Junio 1 del 2001, pág. 4).

*"**Cualidades inmutables: La personalidad** de Jehová y sus atributos principales —el amor, la sabiduría, la justicia y **el poder**— no han cambiado. Él dijo lo siguiente al pueblo de Israel: "Yo soy Jehová; no he cambiado" (Malaquías 3:6)"* (Despertad Agosto 6, 2000, pág. 17).

Note con mucho cuidado en la segunda cita la equivalencia de inmutabilidad tanto para **"la persona"** de Dios como para **"el poder"** en Dios que los Testigos de Jehová le llaman, "espíritu santo".

Esto quiere decir, que, así como "la persona" de Dios es increado y eterno, así también el Espíritu Santo es increado y eterno. ¿Por qué? Porque **"inmutable"** en estas citas indica que no puede haber un cambio de nada intrínseco en Dios. Si su persona es increada y eterna, el Espíritu Santo en Él es igualmente increado y eterno. De otra manera, Dios ha existido **"sin"** su poder y **"con"** su poder y por causa de ese **"cambio"** en su existencia **no pudiera ser inmutable**.

Como hemos mencionado, no importa de qué manera se interprete al Espíritu Santo:

a. Lo puede interpretar como la fuerza o el poder impersonal en Dios que Dios Padre envía para cumplir lo que se ha propuesto hacer.

b. Lo puede interpretar como una persona Divina en Dios que Dios Padre envía para cumplir lo que se ha propuesto hacer.

De igual manera como sea interpretado, el Espíritu Santo es algo o alguien que ha existido en la Deidad increado por todas las eternidades.

¿Adónde vamos con esto?

Pues que a la vez que se demuestra bíblicamente que el Espíritu Santo es "persona", Él no puede ser ninguna otra "persona" que no sea Jehová mismo por cuanto solo Jehová es increado y eterno.

Por eso el énfasis de este libro es la importancia de la persona del Espíritu Santo, los argumentos a favor y en contra, y por encima de todo, el testimonio bíblico que confirma su persona.

Permítame dar un ejemplo que se relaciona tanto con la persona del Espíritu Santo, como su nombre y su Deidad absoluta:

*"Estas son las palabras postreras de David. Dijo David hijo de Isaí, Dijo aquel varón que fue levantado en alto, El ungido del Dios de Jacob, El dulce cantor de Israel: El Espíritu de Jehová **ha hablado** por mí, Y **su palabra** ha estado en mi lengua. El Dios de Israel ha dicho, **Me habló** la Roca de Israel"* (2ª Samuel 23:1-3).

Como podemos ver, el Espíritu Santo es una persona Divina con la capacidad de hablar lenguaje humano. Vea bien que **"su palabra"** es la que estuvo en la lengua de David. Él es la Roca de Israel que **"le habló"** a David. El Espíritu Santo es el mismo Dios de Israel llamado, Jehová.

CAPÍTULO 3

Segundo argumento: El uso de pronombres neutros aplicados al Espíritu Santo

En, Atalaya Enero 1, 1953, p.23-24: The Scriptures, Reason & the Trinity, la Sociedad Atalaya dice lo siguiente:

*"**Uso de pronombres neutros:** en ninguna parte leemos de Jehová Dios y Jesús como referidos por pronombres neutros, que es el caso con respecto al espíritu santo. Esto se ve confirmado por **la frecuente falta de un artículo definido** antes del espíritu santo, como en Hechos 2:4: 'Y todos se llenaron de espíritu santo'".*

En realidad, aquí la Sociedad Atalaya está declarando dos argumentos en uno:

El uso de pronombres neutros aplicados al Espíritu Santo, y la falta del artículo definido "él" para "espíritu santo".

A veces, como vemos aquí, la Sociedad Atalaya intenta usar el texto griego para apoyar sus argumentos porque saben que pocas personas conocen del griego y se les facilita engañar por este medio. Pero la verdad es que estos argumentos de la Sociedad se basan en artimañas gramaticales ingenuas y engañosas. Y un breve repaso de estos argumentos le hará ver fácilmente que no están demostrando nada.

Pero antes de refutar estos argumentos, quiero resaltar un punto muy importante del porqué es que los argumentos gramaticales en general no demuestran nada en cuanto a este tema:

La razón por la que los argumentos gramaticales no comprueban nada en cuanto a la personificación, es que la **"personificación"** es un **"mecanismo literario"** y por lo tanto para alcanzar un entendimiento correcto de como funciona se tiene que analizar mediante el ángulo de principios **"literarios"**, no mediante el ángulo de la técnica **"gramatical"**.

Entonces, el problema con dedicar mucho tiempo y esfuerzo a examinar principios y protocolos de la gramatica griega es que son argumentos irrelevantes. No tienen que ver en cuanto al tema principal de cómo determinar si un referente es una persona o no.

No es la función del género en los pronombres y sustantivos el de confirmar si un referente es persona o no. La razón por la que se usa pronombres de género neutro para el Espíritu Santo no tiene que ver con que si es una persona o no es una persona. Tiene que ver con que el sustantivo "pneuma" (espíritu) en el griego es un sustantivo de género neutro. Por lo tanto, los pronombres que le acompañan naturalmente deben ser de género neutro. O sea, que el hecho de que se usan pronombres neutros para el Espíritu Santo tiene que ver con las reglas y el protocolo gramatical del griego y no tiene que ver con que si es una persona o no.

Por ejemplo, en español decimos, "la" mesa lo mismo que "la" mujer. Pero el hecho de que usamos el mismo pronombre de género femenino para "la mesa", eso no quiere decir que "la mesa" es una persona como "la mujer".

También decimos, "el" automóvil lo mismo que "el" hombre. Pero el hecho de que usamos el mismo pronombre de género masculino para "el" automóvil, eso no quiere decir que "el automóvil" es una persona como "el hombre".

Repito, el género de los pronombres no tiene que ver con que si el referente es una persona o no es una persona porque **los mismos pronombres y del mismo género** se usan tanto como para lo que **es una persona** como para lo que **no es una persona**.

En el griego del Nuevo Testamento, la palabra traducida como "demonio" (daimonión) es de género neutro. Pero, aunque "demonio" en el griego es un sustantivo de género neutro con pronombres de género neutro, la Sociedad Atalaya los considera personas.

La palabra griega para "niño" (paidión) también es de género neutro con pronombres de género neutro. ¿Acaso eso quiere decir que un niño no es una persona porque se le aplican pronombres de género neutro? Por supuesto que no. (Dr. Bowman)

Solo con estos ejemplos sencillos podemos ver que tanto en el griego original como en español, la función de los géneros en los pronombres y los sustantivos no es de confirmar si el referente es una persona o no.

Esto deja nulo ese primer invento gramatical de la Sociedad Atalaya y no solo demuestra la invalidez de su argumento, sino también como se contradicen ellos mismos y la hipocresía con la que aplican sus criterios.

La segunda parte del argumento gramatical es que **"la falta frecuente del artículo definido"** para el Espíritu Santo indica que Él no es una persona. Este argumento es igual de absurdo que el primero porque tampoco es la función del artículo definido el de confirmar si un referente es persona o no.

En su libro; La Gramática Griega y Sintaxis del Nuevo Testamento, de la página 141 en adelante, el Dr. Daniel Wallace enumera y explica las funciones del artículo definido en el griego Koine. El problema para la Sociedad Atalaya es que ninguna de estas funciones del artículo definido es la de determinar la naturaleza ontológica de un referente. O sea, no tiene que ver con determinar si un referente es persona o no.

En segundo lugar, tengo entendido que el sustantivo, "Dios" (Theos) aparece en el Nuevo Testamento unas 67 veces sin el artículo definido. Pero no vemos en dónde la Sociedad Atalaya dice que Dios no es una persona por la "falta frecuente del artículo definido". No solo seguimos viendo la invalidez de los argumentos, sino también la hipocresía con que los aplican.

"¿O ignoráis que vuestro cuerpo es templo del Espíritu Santo, el cual está en vosotros, el cual tenéis de Dios, y que no sois vuestros?" (1ª Co-

rintios 6:19).

Aquí, como ya hemos mencionado, en el griego original aparece el artículo definido para "Espíritu Santo", pero no aparece artículo definido para "Dios". De acuerdo con este argumento gramatical de la Sociedad Atalaya, el artículo definido para "Espíritu Santo" indica que es persona y la falta del artículo definido para "Dios" indica que Dios no es persona. Entonces vemos que cuando usamos los mismos criterios de los Testigos de Jehová, en 1ª Corintios 6:19 el resultado que nos da es que el Espíritu Santo es persona y Dios Padre no es persona. Todo lo contrario a lo que ellos mismos afirman y creen.

Aunque pudieran existir razones técnicas de la gramática griega por las cuales "Dios" aparece sin el artículo definido en este caso, eso no cambia qué "Espíritu Santo" sí aparece con el artículo definido indicando una persona de acuerdo al argumento de la Sociedad Atalaya.

Por cierto: "Espíritu Santo" aparece con el artículo definido en muchas ocasiones donde la Escritura da testimonio de su persona: Juan 14:26, Hechos 13:2, 28:25, Efesios 4:30, y otros pasajes además de estos.

Un último punto importante aquí es el hecho de que "Dios" en la biblia es persona cuando aparece **"con"** el artículo definido y "Dios" en la biblia es persona cuando aparece **"sin"** el artículo definido.

Y esto solo sirve como más evidencia de que los elementos gramaticales no son factores que determinan si un referente es persona o no.

El resultado sigue siendo el mismo:

El mejor indicador para determinar si un referente es persona o personificación, no tiene que ver con el artículo definido, sino más bien con el significado normativo universal del sustantivo y el contexto en el que aparece.

Establezcamos claridad de estos argumentos gramaticales con más citas:

a. El Espíritu Santo no tiene nombre personal.

b. El artículo definido falta con frecuencia para "espíritu santo".

Veamos mas declaraciones de la Sociedad Atalaya:

*"Las Sagradas Escrituras nos dicen el nombre personal del Padre es - Jehová. Nos informan que el nombre personal del Hijo es - Jesucristo. **Pero en ningún lugar de las Escrituras se le aplica un nombre personal al espíritu santo**"* (Razonamiento a Partir de las Escrituras, 1989, pp. 406-407).

*"Un examen de varios pasajes en cualquier traducción interlineal revela que la expresión **'espíritu santo' aparece sin el artículo definido, indicando que carece de personalidad"*. (Atalaya, Enero 12, 1974, pág. 709).

Ahora miremos un ejemplo que refuta ambos argumentos de manera cristalina:

"Un ángel del Señor habló a Felipe, diciendo: Levántate y ve hacia el sur, por el camino que desciende de Jerusalén a Gaza, el cual es desierto. Entonces él se levantó y fue" (Hechos 8:26-27).

Observe lo siguiente con cuidado:

a. ¿Este ángel lleva **artículo definido**?

No: porque dice "un ángel". No dice "el ángel".

b. ¿Este ángel tiene **nombre personal**?

No: porque solo dice, "ángel del Señor".

c. ¿Este ángel es **una persona**?

Sí: porque demuestra inteligencia y posee la capacidad de hablar en lenguaje humano.

¡La Sociedad Atalaya enseña que este ángel es persona!

No importa que **no lleva el artículo definido para "ángel"** y no importa que **no tiene un nombre personal**.

Es persona porque demuestra **inteligencia** y posee la **capacidad de hablar** en lenguaje humano.

¡Pero cuando se trata del Espíritu Santo, de repente todo al reves! No importa que demuestra **inteligencia** y la **capacidad de hablar** en lenguaje humano, no puede ser persona porque a menudo aparece sin el artículo definido y "supuestamente" no tiene un nombre personal.

Como seguimos viendo una y otra vez, la Sociedad Atalaya va manipulando sus criterios con hipocresía y deshonestidad y sin declarar una razón válida por la cual no podemos medir al Espíritu Santo con la misma vara que se mide los otros espírituas celestiales para determinar si es una persona o no.

Porque ellos saben que cuando medimos al Espíritu Santo con la misma vara que se miden los otros espíritus en la biblia para determinar si son personas, el Espíritu Santo es indiscutiblemente revelado como una persona.

Tercer argumento: Referencias impersonales (metáforas) aplicados al Espíritu Santo

En, "Razonamiento a partir de las Escrituras", páginas 380-381, la Sociedad Atalaya escribe:

*"Una comparación de los textos bíblicos que se refieren al espíritu santo muestra que se habla de personas 'llenas'; pueden ser 'bautizadas' con él; y pueden ser 'ungidas' con él. (Lucas 1:41; Mateo 3:11; Hechos 10:38). **Ninguna de estas expresiones sería apropiada si el espíritu santo fuera una persona**".*

Eso podría ser cierto si se estuviera tratando de un ser humano limitado por su cuerpo físico. Pero en el caso del Espíritu Santo no es así. Eso de que *"ninguna de estas expresiones sería apropiada"*, simplemente, no aplica en este caso porque un espíritu personal posee la habilidad de realizar esas acciones.

Veamos:

La metáfora del verbo **"llenar"**

Como vimos, un argumento de la Sociedad Atalaya es que una persona no puede "llenar" otras personas o lugares; solo una sustancia puede hacerlo.

*"Y de repente vino del cielo un estruendo como de un viento recio que soplaba, **el cual llenó** toda la casa donde estaban sentados"* (Hechos 2:2 – RVR1960).

Aquí, la llegada del Espíritu Santo se manifiesta de manera física por un viento recio que se dispersó por toda la casa.

Esto sirvió como señal de que toda la casa se había llenado de la presencia del Espíritu Santo cuando Él llenó a las almas presentes.

"¿Puede un hombre ocultarse en un escondite donde yo no lo vea?", *afirma Jehová. ¿Acaso no **lleno yo** los cielos y la tierra? afirma Jehová"* (Jeremías 23:24 – Traducción Nuevo Mundo).

Esto no enseña que Jehová puede visitar cualquier parte del cielo o la tierra. Lo que está diciendo es que Jehová literalmente llena el espacio. Si Jehová es persona y es en esencia un espíritu que lo llena todo, ¿por qué el Espíritu Santo con el mismo testimonio bíblico de persona y la misma naturaleza espiritual no puede tener esta misma capacidad de literalmente llenar un espacio?

Leamos lo que la Biblia dice del Hijo:

*"El que descendió, es el mismo que también subió por encima de todos los cielos para **llenarlo todo**"* (Efesios 4:10).

En griego la palabra para "llenar" en Hechos 2:2 es la misma que aparece en Efesios 4:10. ¿Vamos a decir que Jesús tampoco puede ser persona porque Su presencia lo llena todo?

Medite bien en esto, si el Hijo como un espíritu puede llenar los cielos y la tierra con su presencia y no deja de ser persona, ¿por qué el Espíritu Santo tiene que dejar de ser persona porque llena un aposento alto y el corazón de los creyentes?

La naturaleza personal del Espíritu Santo que "llena" a los discípulos recibe una confirmación contundente en la confrontación entre Pedro y Ananías en el capítulo 5 de los Hechos, donde Pedro preguntó: "Ananías, ¿por qué Satanás ha llenado tu corazón para mentir al Espíritu Santo...?". Aquí, la palabra "llenar" es la misma que se usa para expresar "ser lleno del Espíritu Santo".

En este **capítulo 5 de los Hechos**, Lucas presenta a Pedro, un hombre que representa a la iglesia, **"lleno del Espíritu"** para decir la verdad con valor, enfrentándose a un hombre al que **"Satanás había llenado"** para hablar una mentira. Recuerde que los Testigos de Jehová enseñan que Satanás es una persona. Satanás es un espíritu maligno y este espíritu maligno está en perfecto contraste con el Espíritu Santo.

Por lo tanto, el Espíritu Santo, al igual que Satanás, es una figura personal, invisible a los ojos naturales del ser humano que literalmente participa en la acción del evento que se está narrando. Ambos son espíritus personales que buscan "llenar" a las personas con un propósito, ya sea para hablar de la mentira o ya sea para hablar la verdad.

Si los Testigos de Jehová fuesen honestos, tendrían que confesar que aquí **el Espíritu Santo y Satanás son presentados de la misma manera como personas** ejerciendo las mismas acciones personales. Ambos son presentados en el mismo sentido literal como realmente personas y no en sentido figurado como personificación de cosas que realmente no son personas. (Dr. Bowman)

La metáfora del verbo **"derramar"**

Más tarde en Hechos 2:16-17, Pedro cita las palabras de Joel 2:28:

"Derramaré de mi Espíritu sobre toda carne". El lenguaje de ser **"derramado"** es un **modismo** que significaba, **"dar de sí mismo sin reservas"**. Por eso la biblia declara que los seres humanos pueden ser "derramados" (Salmo 22:14; Isaías 53:12; Filipenses 2:17; 2ª Timoteo 4:6). Por lo tanto, este tipo de lenguaje no demuestra en ninguna manera que el Espíritu es una fuerza o energía. De otra manera el rey David y el apóstol Pablo no eran personas porque también fueron "derramados como el agua". (Dr. Bowman)

La metáfora del sustantivo **"agua"**

"Porque dos males ha hecho mi pueblo: me dejaron a mí, fuente de **agua viva**, *y cavaron para sí cisternas, cisternas rotas que no retienen agua"* (Jeremías 2:13).

En aquellos días una fuente de agua viva era lo que se conocía como un manantial de agua que brotaba de la tierra. Aquí, Jehová es presentado como agua viva.

"El que cree en mí, como dice la Escritura, de su interior correrán ríos de **agua viva**. *Esto dijo del Espíritu que habían de recibir los que creyesen en él; pues aún no había venido el Espíritu Santo, porque Jesús no había sido aún glorificado"* (Juan 7:38-39).

Ninguna cantidad de lenguaje metafórico puede cambiar el hecho de que Jehová es persona. ¿Por qué entonces tienen que hacerlo con el Espíritu Santo quien es presentado como persona de igual manera que Jehová?Si Jehová no deja de ser persona cuando la Biblia dice que Él es agua viva, el Espíritu Santo tampoco deja de serlo cuando la Biblia dice lo mismo de Él.

El testimonio bíblico que demuestra que Dios es persona es el mismo tipo de testimonio que demuestra que el Espíritu Santo es persona, y el hecho de que la Biblia les aplique lenguaje metafórico no cambia la realidad de que ambos son personas. Una vez más, podemos ver a la Sociedad Atalaya hablando contrariamente cuando se trata de sus argumentos en contra de la persona del Espíritu Santo.

La metáfora del sustantivo **"fuego"**

En Hebreos 1:7 vemos que los ángeles son llamas de fuego. ¿Diremos entonces que cuando la Biblia presenta a los ángeles como personas esas tienen que ser personificaciones porque la Biblia dice que son llamas de fuego?

En Hebreos 12:29 vemos que Dios es fuego consumidor. ¿Vamos a decir que cuando la biblia presenta a Dios como persona eso tiene que ser personificación porque la Biblia dice que Dios es fuego consumidor?

En Hechos 2:3 vemos que El Espíritu Santo desciende como lenguas de fuego. ¿Vamos a decir que cuando la Biblia presenta al Espíritu Santo como persona eso tiene que ser personificación porque la Biblia dice que desciende como llamas de fuego?

Estos son ejemplos que siguen revelando a clara vista la inconstancia y falsedad de la Sociedad Atalaya. Por un lado, predican que el Espíritu Santo no puede ser una persona porque la Biblia lo compara con fuego. Por otro lado, predican que los ángeles celestiales y Dios sí son personas y que no importa que la Biblia los compare con fuego.

Pero la realidad es que si no existe ninguna cantidad de lenguaje metafórico que pudiera cambiar el hecho de que ángeles celestiales y Dios son personas, entonces tampoco existe ninguna cantidad de lenguaje metafórico que pudiera cambiar el hecho de que el Espíritu Santo es una persona.

Juan el Bautista se refiere a Jesús como un "cordero". En el discurso de Juan 6, Jesús se refiere a sí mismo como "pan". Hablando de Sí mismo Jesús dijo que Él era una "luz" y una "planta" y que los discípulos eran las "ramas" de esa planta. Dios mismo es presentado como una roca, un castillo de piedra, un escudo de metal: 2ª Samuel 22:2, Salmos 18:2, 23:1, 62:2, 78:35.

Si las representaciones metafóricas de Dios y ángeles siendo espíritus celestiales no cambia el hecho de que sean personas, ¿por qué tiene que ser así con el Espíritu Santo? Igual que los otros argumentos que repasamos, el argumento del lenguaje metafórico de los Testigos de Jehová es amañado, inconstante y sencillamente falso.

Como hemos visto, ninguno de estos criterios que argumenta la Sociedad Atalaya funcionan:

a. La falta de un nombre personal
b. El género de los pronombres neutros
c. La falta del artículo definido
d. El lenguaje impersonal de las metáforas

Pero si ninguno de esos criterios puede confirmar si un referente es persona o no, ¿cuál sería entonces el mejor indicador para dejarnos saber cuándo un referente es una persona y no una personificación?

El mejor indicador para saber si un referente es persona o no, es el significado normativo universal del sustantivo y el contexto en que aparece.

El **referente** es a qué cosa o a quién se refiere. Si se está hablando de una botella, la botella es el referente.

El **contexto** se dirige más que nada a lo que el texto está diciendo de ese referente y de lo que dicen los textos que le rodean, antes y después.

El **significado normativo** quiere decir la manera normal o natural en la cual se conoce un referente.

Por ejemplo, el significado normativo de un árbol es una planta de madera. O sea que todos sabemos que una planta de madera no es una persona. Si la Biblia nos presenta un árbol hablando, no se ocupa un erudito en literatura bíblica para dejarnos saber que no es real, sino es algún tipo de parábola o metáfora en sentido figurado.

Por otro lado, cuando la Biblia nos presenta un espíritu celestial hablando es todo lo contrario. No se necesita un erudito en literatura bíblica para dejarnos saber que ese espíritu realmente está hablando.

Esto se debe a que en la Biblia, el significado normativo de un espíritu celestial es que es una persona. En la Biblia los espíritus celestiales poseen razonamiento, inteligencia, emociones y hablan. No son fuerzas o poderes impersonales como el viento o la electricidad.

Entonces, cuando en la Biblia se presenta un árbol hablando, ese árbol en realidad no está hablando. Pero cuando la Biblia nos presenta un espíritu celestial hablando, ese espíritu en realidad sí está hablando.

¿Y qué pasa cuando la Biblia nos presenta el Espíritu Santo hablando?

¿Sería como un árbol hablando en sentido figurado o como un espíritu celestial realmente hablando en sentido literal?

El Espíritu Santo es un espíritu celestial realmente hablando en sentido literal igual que cuando hablan los otros espíritus celestiales como Dios y los ángeles.

Así de simple es para entender que cuando la Biblia nos presenta el Espíritu Santo hablando es porque realmente está hablando una persona. Y esto nos lleva al cuarto argumento que es el de "la personificación".

CAPÍTULO 4

Cuarto argumento: La Personificación (Argumento Principal)

Antes de continuar, quiero hacer énfasis en algo muy importante ya mencionado:

La personificación es un mecanismo "literario" y por lo tanto para alcanzar un entendimiento correcto de cómo funciona la personificación se tiene que analizar mediante el ángulo "literario", no mediante el ángulo "gramatical".

El argumento de la personificación que usa la Sociedad Atalaya es el único que intenta bregar directamente con el testimonio bíblico en cuanto a la persona del Espíritu Santo. Ellos confiesan que hay pasajes de la Biblia que hablan del Espíritu Santo como una persona, pero que cuando la Escritura le aplica lenguaje personal, eso no se puede interpretar como si la Biblia estuviera revelando que el Espíritu Santo es una persona. ¿Por qué no? Por las siguientes razones que ya hemos repasado:

a. El Espíritu Santo no tiene nombre personal.
b. Los pronombres neutros aplicados al Espíritu Santo.
c. El lenguaje impersonal aplicado al Espíritu Santo.

Por estas razones que ya hemos brevemente refutado, la Sociedad Atalaya se imagina que puede justificar su doctrina de que cuando la Biblia habla del Espíritu Santo como una persona, eso no es literal sino que es en un sentido figurado. En otras palabras, cuando se trata del Espíritu Santo, la Biblia está personificando algo que en realidad no es una persona.

La personificación es atribuirles características y acciones personales a cosas que en realidad no son personas. Los autores a veces usan este método de escribir para enfatizar alguna idea o mensaje.

Por ejemplo, la Atalaya está en lo cierto cuando señala una personificación en Romanos 5:17: *"Porque, si por la ofensa de un solo hombre la muerte reinó por medio de él"*. La muerte en ese pasaje es personificada por la palabra "reinó". Un concepto como la muerte no puede realizar acciones dentro de un reinado que envuelve un ser personal, consciente y racional con voluntad propia, etc.

Ahora bien, las personificaciones no son un mecanismo literario sin propósito ni sentido. Por eso lo que nos debemos preguntar en una personificación como esa es, ¿qué nos dice esta personificación de la muerte? ¿Qué es lo que nos quiere enfatizar el autor? La respuesta en este caso es que la muerte se describe como absoluta y completa en la vida de una persona. Cuando alguien "reina", sus edictos y decisiones abarcan a todos dentro de ese reino por cuanto llevan autoridad absoluta. En este sentido la muerte es personificada de manera figurativa al compararla con un rey.

Pero si el Espíritu Santo realmente no fuera persona:

¿Por qué se presentaría en personificación?

¿Qué intentaban ilustrar tan gráficamente los autores de la Escritura al referirse al Espíritu Santo como persona si no es una persona?

¿Por qué Jesús dijo que el Espíritu Santo sería un Maestro que les enseñaría como Él mismo les enseñaba?

¿Por qué Pablo nos dice que el Espíritu Santo tiene sentimientos por medio de los cuales se puede sentir herido emocionalmente y que posee la capacidad de amar como aman personas?

¿Por qué Lucas nos dice en Hechos que el Espíritu Santo habla lenguaje humano?

Las personificaciones en la biblia no funcionan de esa manera. No se ven personificaciones del mismo referente una y otra vez de una y otra forma en la Biblia.

En la Atalaya del 15 de enero de 1991, pág. 4, la Sociedad Atalaya escribe lo siguiente para explicar las personificaciones del Espíritu Santo:

***Es verdad que a veces la Biblia personifica el espíritu santo.** Por ejemplo, Isaías dijo que ciertos rebeldes 'hicieron que el espíritu santo de Dios se sintiera herido'. (Isaías 63:10.) Pablo dijo que se podía 'contristar' al espíritu santo. (Efesios 4:30.) Y hay varios textos bíblicos que dicen que el espíritu santo enseña, guía, habla y da testimonio. (Juan 14:26; 16:13, 14; 1 Juan 5:7, 8.)* **Pero la Biblia también personifica otras cosas inanimadas**, como la sabiduría, la muerte y el pecado. (Proverbios 1:20; Romanos 5:17, 21.) En realidad, este es un recurso vívido que usan a veces las Escrituras para expresar ciertos asuntos".

Note cuidadosamente que no comienzan diciendo, "Es verdad que la Biblia presenta el Espíritu Santo como una persona". Sino que presentan por concluído de antemano que la evidencia bíblica para la persona del Espíritu Santo son personificaciones.

Una vez más, uno tiene que preguntarse, si el Espíritu Santo no fuese persona:

¿Por qué estos autores de la Biblia están usando tantas personificaciones de Él?

¿Acaso están tratando de decir que las ofensas del hombre contra Dios son tan malas que hasta una corriente de electricidad se siente triste?

¿Acaso no tiene más sentido entenderlas claramente, como dando todas las razones para aceptar que el Espíritu Santo es una persona que siente emociones?

Cuando no hay razones para pensar que un referente no es una persona, las declaraciones personales sobre ese referente deberían tomarse así como están, en sentido literal. Es cierto que la Biblia "personifica cosas inanimadas", **pero lo que no nos están diciendo**

es que el Espíritu Santo no es una de esas "cosas inanimadas".

Él no pertenece a ese grupo de referentes inanimados/impersonales que pueden ser personificados y esto lo veremos de manera detallada más adelante.

Una de las preguntas importantes que se debe seguir haciendo cuando se quiere saber si el Espíritu Santo es una persona o un poder impersonal sería la siguiente:

¿Qué es una persona?

Como se señaló anteriormente, una persona tiene una mente racional. El Espíritu Santo tiene una mente racional porque, 1ª Corintios 2:10-11 lo describe como teniendo pensamientos. Una persona tiene emociones. En Efesios 4:30, se describe que el Espíritu Santo tiene la emoción de entristecerse o de sentir aflicción. Y según Romanos 15:30 tiene la capacidad de amar. En 1ª Corintios 12:11, se dice que el Espíritu Santo da regalos a cada persona tal como Él quiere de acuerdo con Su propia voluntad.

Se imagina una corriente eléctrica realmente meditando en voz alta: "Bueno, me parece mejor manifestar en Juan el don de profecía, pero en Pablo el don de sanidad". Esto es lo que estaría diciendo la Biblia porque son pasajes literales que no dan razones para una interpretación metafórica.

Ananías y Safira mintieron personalmente al Espíritu Santo en Hechos 5:3. Y aquí una vez más vemos un pasaje literal que no da pauta para una interpretación metafórica. Recuerde que el punto central aquí es que si el Espíritu Santo es una persona o si es un viento.

Solo medite por un momento. Esto se trata de la compra y venta de un terreno.

Si el Espíritu Santo fuese solo viento:

¿Para que mencionarlo?

¿Que tiene que ver el viento con la factura en una venta de propiedad?

El texto declara de manera literal y explícita que le mintieron "directamente" al Espíritu Santo. Para literalmente mentirle al viento en cuanto al precio de una propiedad tiene que ser un viento que puede calcular números. Este viento tiene que saber sumar y restar para calcular la diferencia entre la cantidad de dinero que cobraron por la propiedad y la cantidad de dinero que entregaron a los discípulos.

Tampoco existe nada en el texto ni el contexto que nos indique el sgnificado de **"agencia"**. O sea que haya sido una mentira hacia Dios Padre **"por medio de"** el Espíritu Santo por cuanto eso lo convertiría un mentira en sentido figurado o simbólico hacia el Espíritu Santo.

Entonces, para que la mentira fuese una mentira real y directa al Espíritu Santo como lo declara el texto: el Espíritu Santo tiene que poseer una mente racional que pudiera calcular las diferencias de dinero y precio en cuanto a la venta de una propiedad y un sentido de moralidad para poder entender la ofensa de un engaño. Es decir, Él tuvo que literalmente haber entendido esa mentira.

De otra manera no tiene ningún sentido el haberlo mencionado porque; **un viento no tiene nada que ver con la factura en la venta de una propiedad**.

Este pasaje al igual que otros en el libro de los Hechos demuestra que el Espíritu Santo se involucra literalmente en acciones morales y ministerios terrenales de una manera en que solo una persona se pudiera involucrar: enseña, regenera, investiga, habla, intercede, ordena, testifica, guía, ilumina, revela y hace todo esto de manera racional como solo una persona lo pudiera hacer. Si el Espíritu Santo no fuese una persona, ¿cuál es el propósito de personificarle una y otra vez de esa manera?

Cuando la Atalaya ataca la persona del Espíritu Santo, no son precisos en cuanto a lo que es una persona. No pude hallar en sus páginas un lugar donde enumera oficialmente las cualidades o atributos que constituyen la personalidad porque entonces se verían obligados a confesar que el Espíritu Santo posee esas cualidades, atributos y propiedades esenciales que constituyen una persona.

Como ya hemos declarado:

De cualquier forma legítima que se pudiera medir un espíritu en la Biblia para ver si es una persona, cuando se aplica esa misma vara de medir al Espíritu Santo, la Biblia revela indiscutiblemente que el Espíritu Santo es una persona.

Toda persona de corazón sincero debería hacerse las siguientes preguntas:

Si los autores de la Biblia hubiesen querido que entendiéramos que el Espíritu Santo es una persona:

¿De qué manera lo hubiesen podido hacer?

¿Qué cosas hubiesen escrito del Espíritu Santo para dejarnos saber que es una persona?

a. ¿Qué posee una mente racional como una persona?

b. ¿Qué posee voluntad propia como las personas?

c. ¿Qué posee emociones como una persona?

d. ¿Que posee inteligencia como las personas?

e. ¿Qué habla en lenguaje humano con otras personas?

Eso y más escribieron los autores de la Biblia para dejarnos saber que el Espíritu Santo es una persona. Esto es importante porque de ahí nace la necesidad del pretexto de la personificación de parte de la Sociedad Atalaya. Nace del hecho que la Escritura nos da testimonio de la persona del Espíritu Santo en forma inequívoca.

De no haber existido ese testimonio bíblico tan constante y completo para la persona del Espíritu Santo, nunca hubiesen tenido la necesidad de buscar formas de negarlo mediante un mecanismo literario como lo es el de la personificación.

Personificación: definición y ejemplos

La personificación es la atribución de acciones y características personales a algo que en realidad no es una persona. (Dr. Ryken)

De manera un poco mas técnica; es la atribución de acciones o características personales a algo que ontológicamente no puede ser personal.

Cuando hablamos de la "realidad ontológica" de un referente, eso se refiere a la "verdadera naturaleza" del referente. O sea: que "realmente" es el referente.

Por ejemplo:

1. En Génesis 4:10, vemos la sangre de Abel en el suelo llorando en voz alta como si fuese una persona.

2. En Jueces 9:8-15, vemos árboles hablando como si fuesen personas.

3. En Salmo 98:8, vemos a los ríos batiendo las manos en aplausos como si fuesen personas.

Entonces, claramente este mecanismo literario de las personificaciones y metáforas existe en la Biblia. El problema se presenta cuando ciertos pasajes bíblicos son mal interpretados porque los intérpretes no reconocen cuándo los escritores bíblicos están usando la personificación y cuándo en la Escritura se está presentando lo que es en realidad, una persona.

El ejemplo clásico está en Proverbios capítulo 8:

Al pasar por alto que la sabiduría aquí es la personificación de un atributo de Dios, algunos intérpretes han concluido erróneamente de que no es una personificación, entonces conectan 1ª Corintios 1:24 con Proverbios 8:22-26 para enseñar que la sabiduría es "literalmente" la persona de Cristo Jesús hablando y así llegan a la falsa conclusión de que el Hijo de Dios mismo está diciendo que Él es un ser creado. Pero este tipo de conexión, ni siquiera toma en cuenta que los contextos son diferentes. En Proverbios 8 es la creación. En 1ª Corintios 1 es la redención. Además, los estilos literarios son distintos. El libro de Proverbios pertenece a un género poético de sabiduría mientras que 1ª Corintios es una epístola y en gran parte didáctica. Estos dos puntos se presentan en contra de la idea de que Pablo está diciendo que Cristo es la sabiduría hablando en el libro de los Proverbios.

Además, la sabiduría está claramente personificada a través del libro de los Proverbios como una mujer. La idea de que es una persona real como el Hijo de Dios hablando en el capítulo 8 de los Proverbios no solo contradice la personificación que lleva el libro como una mujer, sino que destruye la personificación de la sabiduría del todo porque una personificación no puede ser una persona.

La personificación solo aplica a cosas que no son personas y si es el Hijo de Dios quien está hablando literalmente en Proverbios entonces ya no puede ser una personificación de la sabiduría de Dios.

Este es el error que se comete cuando los intérpretes no reconocen correctamente los casos de personificación en la Biblia. (Dr. Leland Ryken)

Examinemos un poco la literatura de la Sociedad Atalaya sobre el tema central:

En, "Razonamiento a Partir de las Escrituras", pág. 380 la Sociedad Atalaya escribe lo siguiente en cuanto a la definición de la palabra "espíritu":

"Definición: La palabra hebrea ru'ach y la palabra griega pneu'ma, las cuales a menudo se traducen 'espíritu', tienen una serie de significados.

Todos estos se refieren a lo que es invisible a la vista humana y que da indicación de fuerza en movimiento. Tanto la palabra hebrea como la griega se usan con referencia a:

- *el viento*
- *la fuerza vital activa en las criaturas terrestres*
- *la fuerza impulsora procedente del corazón figurativo de la persona que la mueve a expresarse y comportarse de cierta manera*
- *declaraciones inspiradas que se originan de alguna fuente invisible*
- ***personas celestiales o de espíritu***
- *la fuerza activa de Dios, o espíritu santo".*

Mire la penúltima definición. ¿La vió bien?

"personas celestiales o de espíritu"

¿Y quien pertenece a ese grupo?

- Dios
- Ángeles Celestiales
- **El Espíritu Santo**
- Satanás
- Demonios

Vea bien lo que hace la Sociedad Atalaya:

Quitan el Espíritu Santo de su grupo referentes espirituales y lo pone en otra categoría aparte como:

"la fuerza activa de Dios"

¿Por qué comenzaron su definición de la palabra "espíritu" haciendo eso?

¡Porque la Biblia no nos presenta ejemplos de espíritus celestiales personificados!

La Biblia nos enseña que los espíritus celestiales son personas y los Testigos de Jehová quieren enseñar que el Espíritu Santo no es una persona. Por eso lo eliminan del grupo de referentes a dónde pertenece y lo ponen separado desde un principio.

El engaño de la Sociedad Atalaya comienza aquí con esta artimaña:

¡Apartan al Espíritu Santo de su lugar entre los espíritus celestiales porque cuando la Biblia presenta un espíritu celestial como una persona es porque es una persona y eso destruye su argumento de que Espíritu Santo no es una persona!

Pero preguntemos entonces:

Debido a que la palabra espíritu tiene varios significados distintos, ¿cómo saber cuándo se refiere a una persona y cuando se refiere a algo que no es una persona?

Continuemos con "Razonamiento a Partir de las Escrituras", página 380:

*"**Viento:** Examinemos primero el sentido que tal vez sea de más fácil comprensión. El contexto muestra en muchos casos que rú·aj significa "viento", como el "viento del este" (Éx 10:13) o los "cuatro vientos". (Zac 2:6.) El que se hable **en el contexto** de nubes, tormenta o llevarse la paja u otros objetos de naturaleza similar suele indicar este sentido".*

Entonces:

¿Cómo es que sabemos cuándo la palabra espíritu se refiere a una persona y cuando no se refiere a una persona en la Escritura?

La Sociedad Atalaya indica aquí que, **"el contexto"** es lo que demuestra el sentido de la palabra espíritu y nos deja saber si se refiere a una persona o a algo que en realidad no es una persona.

En ningún momento olvidemos esto porque es un indicador clave que ellos mismos han declarado aquí de cómo poder distinguir cuando el referente del pasaje es una personificación o si es literalmente una persona.

En "Perspicacia para comprender las Escrituras", volumen I (Págs. 856-865) la Sociedad Atalaya escribe lo siguiente en cuanto a la palabra, Espíritu:

*"La palabra griega pneuma (espíritu) viene de pné·ō, que significa "respirar o soplar", y se cree que la voz hebrea rú·aj (espíritu) procede de una raíz de igual significado. Por lo tanto, el significado primario de rú·aj y pneuma es "aliento", aunque de este significado se han derivado otras acepciones. (Compárese con Hab. 2:19; Rev 13:15.) Pueden significar viento; la fuerza vital de las criaturas; el espíritu del hombre; **espíritus, incluidos Dios y sus criaturas angélicas**, y la fuerza activa de Dios o espíritu santo".*

Tome nota con cuidado otra vez:

El **Espíritu Santo** no está incluido con *"**Dios y sus criaturas angélicas**"*. Y esto a pesar de que **procede del cielo** al igual que *"**Dios y sus criaturas angélicas**"*. Y a pesar de que es **presentado como persona** al igual que *"**Dios y sus criaturas angélicas**"*.

Veamos con más detalle en "Perspicacia", cómo es que la Sociedad Atalaya aplica sus argumentos:

*"**Espíritus**: "**Dios** es invisible a los ojos humanos (Éx. 33:20; Jn. 1:18; 1 Tim. 1:17), está vivo y ejerce fuerza insuperable por todo el universo. (2 Cor. 3:3; Isa. 40:25-31.) Cristo Jesús dice: "Dios es un Espíritu [Pneuma, Viento]" (Juan 4:24) "**Este hecho NO significa que Dios sea una fuerza incorpórea e impersonal como el viento. Las Escrituras dan testimonio de su personalidad de forma inequívoca.**"*

Podemos ver dos puntos claves de acuerdo con la Sociedad Atalaya:

a. El Espíritu Santo es un espíritu cuyo significado primario es aliento: **esto indica** que es una fuerza incorpórea e impersonal como el viento.

b. Dios es un espíritu cuyo significado primario es aliento: pero **esto no indica** que es una fuerza incorpórea e impersonal como el viento.

La pregunta natural sería:

¿Porque si Dios es un espíritu celestial y el Espíritu Santo es un espíritu celestial, Dios es persona y el Espíritu Santo no es persona?

Porque en el caso de Dios, "Las Escrituras dan testimonio de su personalidad de forma inequívoca".

¡Excelente!

La Sociedad Atalaya reconoce que, en la Biblia, pneuma (viento) celestial, puede ser una persona como en los casos de Dios y ángeles celestiales. De lo que la Biblia se ocupa, es darnos testimonio de Su personalidad de forma inequívoca.

Pero si lo único que se ocupa para que un espíritu sea una persona es que la Biblia lo haya presentado como una persona, preguntemos entonces:

¿Será que la Escritura nos ha dado testimonio inequívoco de la personalidad del Espíritu Santo, así como lo ha hecho para Dios y ángeles celestiales?

Y si la Biblia nos ha presentado testimonio para la persona del Espíritu Santo, así como lo ha hecho para la persona de Dios y los ángeles celestiales:

¿Por qué negar que el Espíritu Santo es una persona?

Sigamos aquí mismo en "Perspicacia":

*"**El espíritu santo:** la fuerza activa de Dios. La gran mayoría de las veces que aparecen las palabras rú·aj y pneuma tienen que ver con el espíritu de Dios, su espíritu santo".*

¡Un momento señores!

¿Por qué tenemos que dar por concluído que el Espíritu Santo tiene que **"ser"** el poder de Dios sólo porque **"manifiesta"** el poder de Dios?

Si una persona levanta una mesa no decimos que, "Esa persona es **fuerza**." Sino mas bien decimos que, "Esa persona es **fuerte**." Posee fuerza, manifiesta fuerza, pero no es fuerza. No deja de ser persona por manifestar fuerza.

Como hemos aclarado anteriormente: confunden "la obra" del Espíritu Santo con "quien es" el Espíritu Santo.

Pero sigamos en Perspicacia:

*"**La personificación no prueba que sea una persona.** Es verdad que Jesús se refirió al espíritu santo como un 'ayudante' y dijo que tal ayudante 'enseñaría', 'daría testimonio', 'daría evidencia', 'guiaría', 'hablaría', 'oiría' y 'recibiría'. Además, según el griego original, Jesús usó a veces el pronombre personal masculino para referirse a ese 'ayudante'" (paráclitos). (Juan 14:16, 17, 26; 15:26; 16:7-15)".*

¿"La personificación no prueba que sea una persona"?

¡Pues claro que no!

¿Pero dónde están las razones válidas para clasificar el testimonio bíblico de la persona del Espíritu Santo como "personificaciones"?

Esto es conocido como ***"la falacia del razonamiento circular o petición de principio"***. Es cuando se declara algo como un hecho sin primero haber comprobado que es un hecho. Para entonces argumentar basado en la conclusión de ese hecho sin haberlo demostrado primero.

Primero, tienen que demostrar con bases bíblicas y argumentos válidos que justifiquen descartar el testimonio bíblico sobre la persona del Espíritu Santo como simples personificaciones. Entonces pueden aclarar que las personificaciones no prueban que el Espíritu Santo sea una persona. Están argumentando con la carreta delante del caballo.

En otras palabras, las personificaciones no confirman que un referente sea una persona, por supuesto que no. El problema es que el testimonio bíblico sobre la persona del Espíritu Santo - ¡no son personificaciones!

¡Y ahí está lo tremendo! Cuando ellos declaran ese mismo tipo de testimonio bíblico para la persona de Dios y los ángeles celestiales no le llaman personificaciones a pesar de que es la misma clase de evidencia bíblica para la persona del Espíritu Santo.

Veamos:

a. Dios y ángeles son espíritus celestiales.

b. Sabemos que son personas porque las Escrituras dan testimonio de su persona.

c. Pero cuando la Biblia nos da ese mismo testimonio para la persona del Espíritu Santo, de repente ya no es testimonio bíblico de una persona y lo tenemos que **"reinterpretar"** como personificaciones.

Y a este tipo de inconstancia ellos le llaman, "Razonamiento a Partir de las Escrituras". Pero la realidad es que eso se llama, "Hablando en forma contradictoria". ¿Por qué? Porque el testimonio bíblico para la persona de Dios y los ángeles celestiales que afirman, por un lado, **es el mismo tipo de testimonio bíblico** que niegan por el otro lado para la persona del Espíritu Santo. El testimonio bíblico no cambia. Lo que cambia es el referente y lo tremendo es que lo hacen sabiendo que el referente del Espíritu Santo pertenece al mismo grupo de referentes que son los espíritus celestiales.

Esto revela con total claridad el método cínico que usa la Sociedad Atalaya para engañar a sus seguidores. Están introduciendo una presuposición que no proviene de los textos. Así cuando sus seguidores ven el testimonio bíblico para la persona del Espíritu Santo se imaginan que no es real. O sea, para que lo vean como personificaciones de algo que en realidad no es una persona, a pesar de que el Espíritu Santo pertenece a la misma categoría de referentes de Dios y los ángeles celestiales que no se personifican en la Biblia.

Sigamos en "Perspicacia":

*"**No es raro que en las Escrituras se personifique algo que en realidad no es una persona.** En el libro de Proverbios (1:20-33; 8:1-36) se personifica a la sabiduría, y en el hebreo original, así como en las traducciones españolas, se le da el género femenino. La sabiduría también está personificada en Mateo 11:19 y Lucas 7:35 y se dice que tiene "obras" e "hijos". Cuando el apóstol Pablo habla del pecado, la muerte y la bondad inmerecida, los personifica como "reyes". (Romanos 5:14, 17, 21; 6:12.) Dijo que el pecado 'recibía incentivo', 'obraba codicia', 'seducía' y 'mataba'. (Romanos 7:8-11.) Sin embargo, **es obvio** que Pablo no quería decir que el pecado fuese en realidad una persona".*

Pues claro que no: *"**no es raro que en las Escrituras se personifique algo que en realidad no es una persona**"*.

Pero ¿dónde presentaron razones válidas para justificar su doctrina de que el Espíritu Santo es, *"**algo que en realidad no es una persona**"*?

Y quiero que noten algo clave que la Sociedad Atalaya nos está declarando en cuanto a la personificación: que cuando las Escrituras nos presentan una personificación va a ser algo fácil de detectar. La Sociedad aquí usa la palabra, *"**obvio**"*.

Entonces:

¿Cómo podemos distinguir cuándo el referente de un pasaje bíblico es una personificación y cuándo el referente de un pasaje bíblico es una persona?

La Sociedad Atalaya hasta ahora nos ha dado dos indicadores claves:

a. El **"contexto"** demuestra si la palabra espíritu se refiere a una persona o si se refiere a la personificación de algo que no es persona.

b. Cuando la biblia está personificando algo que no es una persona es fácil de ver, es **"obvio"**.

Estos dos indicadores son muy importantes para ayudarnos a ver la diferencia de cuándo es una personificación y cuándo es una persona.

Reiteramos el principio literario fundamental de la personificación que es el siguiente:

Personificación es cuando un pasaje atribuye características o acciones personales a un referente de manera que no se puede interpretar en sentido literal. Solo entonces el pasaje pudiera estar utilizando la personificación.

Por ejemplo, si se presenta la historia de una camisa llamada, Algodón que está llorando por sus hijos. Eso es la personificación de una camisa de algodón. Todos sabemos que las camisas de algodón no son personas. No lloran ni pueden procrear hijos. Eso no se puede interpretar en sentido literal y cuando no se puede interpretar en sentido literal, sólo entonces se puede interpretar en sentido figurado de personificación.

Entienda esto bien porque tiene que ser algo **"obvio"**. Si esta señal no está presente, entonces el pasaje no está utilizando la personificación. El significado normativo universal del sustantivo junto con el contexto nos tiene que presentar algo que **"obviamente"** no puede ser una persona, sólo entonces puede ser personificación.

Lo aclaro en forma más sencilla:

a. Es **"obvio"** que la sangre de un ser humano no puede literalmente llorar como llora una persona. Solo puede llorar como llora una persona en personificación.

b. Es **"obvio"** que los ríos del campo no pueden literalmente aplaudir como aplauden las personas. Solo pueden aplaudir como aplauden las personas en personificación.

c. Es **"obvio"** que los árboles no pueden hablar en lenguaje humano como habla una persona. Solo pueden hablar como habla una persona en personificación.

O sea que es tal como lo expresa la Sociedad Atalaya cuando nos dice que, *"es **obvio** que Pablo no quería decir que el pecado fuese en realidad una persona".*

Cuando la realidad ontológica del referente no permite que se pueda interpretar en sentido literal como una persona, ahí es cuando se puede interpretar en sentido figurado, como una personificación. Pero cuando se está presentando un referente que sí puede literalmente ser una persona, entonces se interpreta literalmente como una persona.

Y ahí está el primer y más grave problema que ignoran los Testigos de Jehová:

¡Que cuando escudriñamos los pasajes del Nuevo Testamento que describen a la persona y la obra del **Espíritu Santo, no es obvio** que se trata de algo inanimado/impersonal. Esta primera señal tan clave y fundamental de la personificación no está cuando se trata del Espíritu Santo!

¿Por qué no?

Porque la Biblia nos confirma que la realidad ontológica de un espíritu es que sí puede ser una persona y esa es la primera señal de que el Espíritu Santo no se puede personificar. Él pertenece a una categoría de referentes animados/personales y no inanimados/impersonales.

En la Nueva Traducción del Nuevo Mundo vimos que Dios es un espíritu. *"Dios es un espíritu"* (Juan 4:24). Y sigue siendo persona sin importar que la Biblia nos presente a Dios como un viento celestial o fuego o agua o una nube. Nada de eso cambia que Dios sea una persona. Y si la Sociedad Atalaya tuviese tan siquiera una gota de integridad moral para aplicar con equidad este mismo criterio al Espíritu Santo, se verían obligados a confesar que el Espíritu Santo, al igual que Dios, es persona y por lo tanto: ¡no puede ser personificado aunque se le aplique lenguaje metafórico!

El Espíritu Santo al igual que los otros espíritus celestiales no es literalmente una piedra, ni el agua de un río, ni fuego, ni electricidad.

El Espíritu Santo no pertenece a esa categoría de referentes inanimados/impersonales. Al contrario, el Espíritu Santo es literalmente eso mismo, un espíritu celestial y bíblicamente, un espíritu sí puede ser persona y por lo tanto al igual que Dios y los ángeles celestiales: cuando la Biblia presenta el Espíritu Santo como una persona es porque es una persona.

Entiendo que estoy diciendo lo mismo varias veces de diferentes formas, pero quiero que nadie que esté leyendo se quede sin entender esto con total claridad.

Ahora bien, veamos evidencia de los criterios de parte de la misma Sociedad Atalaya para lo que constituye una persona. Una de las razones principales por las que ellos dicen que los ángeles celestiales tienen que ser personas es porque poseen "inteligencia" y la facultad de "hablar en lenguaje humano".

"Perspicacia para comprender las Escrituras", volumen 1 págs. 138-139, dice lo siguiente:

*"**ÁNGEL - No son fuerzas impersonales** ... Como **seres inteligentes**, los ángeles pueden comunicarse unos con otros (1 Co 13:1), [y] **hablar [en] diversos idiomas humanos**".*

Excelente, entonces veamos un ejemplo para ver si es cierto lo que declara la Sociedad Atalaya en cuanto a ángeles:

*"**Un ángel del Señor habló** a Felipe, diciendo: Levántate y ve hacia el sur, por el camino que desciende de Jerusalén a Gaza, el cual es desierto. Entonces él se levantó y fue"* (Hechos 8:26-27).

Este ángel posee inteligencia. Tanto así que conoce de geografía y puede instruir a Felipe hasta el lugar exacto donde él quiere que Felipe vaya. El hecho de que Felipe literalmente hace lo que el ángel le ordena nos dice que el ángel no habló en sentido figurado de personificación porque Felipe literalmente escuchó, entendió y obedeció lo que el ángel literalmente le dijo.

Esto nos demuestra que es cierto lo que dice la Sociedad Atalaya en cuanto a la persona de ángeles celestiales. Que a pesar de que son espíritu, son personas y la manera en que la Biblia revela que son personas es porque los presenta como seres inteligentes que literalmente hablan con otras personas en lenguaje humano.

Veamos otro ejemplo y otra vez apliquemos este mismo argumento de la Sociedad Atalaya:

*"Había entonces en la iglesia que estaba en Antioquía, profetas y maestros: Bernabé, Simón el que se llamaba Niger, Lucio de Cirene, Manaén el que se había criado junto con Herodes el tetrarca, y Saulo. Ministrando éstos al Señor, y ayunando, **dijo el Espíritu Santo**: Apartadme a Bernabé y a Saulo para la obra a que los he llamado. Entonces, habiendo ayunado y orado, les impusieron las manos y los despidieron"* (Hechos 13:1-3).

Aquí vemos otro ejemplo de un espíritu celestial con inteligencia y la capacidad de comunicarse literalmente en lenguaje humano con otras personas. Reconoce a Saulo y Bernabé por nombre y los distingue el uno del otro y de las otras personas presentes.

El hecho de que Saulo y Bernabé literalmente hacen lo que el Espíritu Santo les ordena nos dice que el Espíritu Santo no habló en sentido figurado de personificación porque literalmente escucharon, entendieron y obedecieron lo que el Espíritu Santo literalmente les dijo.

Esto quiere decir que al igual que el ángel en Hechos 8:26, el Espíritu Santo posee los mismos atributos de inteligencia y la misma facultad de hablar literalmente con otras personas en lenguaje humano.

Los ejemplos muestran con total claridad la hipocresía de la Sociedad Atalaya. La Biblia nos presenta lo que ellos consideran testimonio bíblico que nos confirma la persona de un ángel celestial. Pero cuando la Biblia nos presenta ese mismo testimonio para la persona del Espíritu Santo, de repente ese mismo criterio con ese mismo testimonio bíblico no nos puede confirmar la persona del Espíritu Santo.

Ellos dicen que una personificación es algo obvio, algo que se ve a simple vista, pero aquí en Hechos 13:1-3 lo que es obvio, lo que se ve a simple vista es que se trata de la persona del Espíritu Santo quien posee inteligencia y literalmente habla con los apóstoles tal como la persona del ángel en Hechos 8:26.

Veamos otro ejemplo de declaraciones literales de parte del Espíritu Santo:

*"Y mientras Pedro pensaba en la visión, **le dijo el Espíritu**: He aquí, tres hombres te buscan. Levántate, pues, y desciende y no dudes de ir con ellos, porque yo los he enviado. Entonces Pedro, descendiendo a donde estaban los hombres que fueron enviados por Cornelio, les dijo: He aquí, yo soy el que buscáis; ¿cuál es la causa por la que habéis venido?"* (Hechos 10:19-22).

Primero, la Sociedad Atalaya reconoce que aquí, "el espíritu", se trata del Espíritu Santo. En su Traducción Nuevo Mundo en línea bajo, "Contenido de los Hechos", tienen una lista de "Referencias marginales" para Hechos 10:19 donde listan los siguientes pasajes: Hechos 13:2; Hechos 15:28; Hechos 16:6; Hechos 20:23. Todos los cuales contienen, "Espíritu Santo".

Segundo, en Hechos 11:7 el mismo apóstol Pedro nos confirma que literalmente escucho palabras emitidas.

Es decir, Pedro mismo declara que aquí el Espíritu Santo le habla de verdad y no en sentido figurado.

Esto quiere decir lo siguiente:

a. Es el Espíritu Santo quien está hablando con Pedro en Hechos 10:19.

b. No puede ser una personificación porque en Hechos 11:7, el mismo apóstol Pedro nos confirma que le habla de verdad y no en sentido figurado.

Observe bien aquí como las declaraciones del Espíritu Santo son declaraciones donde una figura importante en la narrativa guía a otras personas, literalmente, a tomar acciones específicas e ir a lugares para reunirse con otros.

¿Cómo es posible que el Espíritu haya hablado lenguaje humano en sentido figurado, pero Pedro escuchó lenguaje humano en sentido literal?

Aquí la misma palabra "dijo" que se usa cuando Pedro habla, es la misma palabra "dijo" que se usa cuando habla el Espíritu Santo. En ambos casos se refiere a lenguaje humano que solo personas pueden hablar y entender.

Imagínese por un momento una corriente eléctrica que cuando le pasa electricidad usted entiende, cómo por arte de magia, las palabras explícitas de que cuando lleguen ciertas personas de visita y le inviten a otro lugar, que los reciba sin miedo y se vaya con ellos porque la misma corriente eléctrica es la que ha coordinado estas otras reuniones y charlas también.

Esta corriente eléctrica distingue de sexo y sabe sumar números. Es decir, sabe que son hombres, no mujeres, y sabe que son tres, no cuatro. Y esta corriente eléctrica conoce de emociones por cuanto sabe distinguir entre la confianza y el temor para que usted no dude en ir.

Son ideas absurdas pero es precisamente lo que la Sociedad Atalaya tiene que enseñar porque no existe nada en el pasaje que indique que estos eventos se están presentando en sentido figurado y ellos mismos reconocen que se trata del Espíritu Santo.

¿Acaso no tiene más sentido entonces que el Espíritu Santo es una persona diciéndole a Pedro: "He aquí, tres hombres te buscan. Levántate, pues, y desciende y no dudes de ir con ellos, porque yo los he enviado"?

Claro que sí y Pedro mismo lo confirma en Hechos 11:7.

La comunicación verbal como se presenta en Hechos 10:19-22 tiene como resultado el haber comunicado un mensaje de importancia para el que escucha las instrucciones. En otras palabras, se demuestra la mente racional, la intención de parte del Espíritu Santo en informar al apóstol Pedro de algo importante que estaba por suceder.

Aquí simplemente no hay cabida para el sentido figurado de las personificaciones. No se puede decir que lo que hizo el Espíritu Santo no es literal para después decir que lo que hizo Pedro sí es literal. Si se dice que lo que el Espíritu Santo habla es en sentido figurado, entonces el resultado de lo que habla tiene que ser en sentido figurado porque en realidad, ¡nunca lo dijo!

¿Cómo puede Pedro cumplir las instrucciones del Espíritu Santo cuando en realidad nunca se las dijo?

Pero si el Espíritu Santo realmente habló con Pedro en lenguaje humano tal como lo dice el texto, entonces Pedro realmente escuchó y obedeció estas instrucciones tal como lo dice el texto.

El Espíritu Santo es una persona que literalmente habla, instruye y participa de las acciones y sucesos en la vida de los discípulos.

Este asunto de la personificación no es complicado. Es en realidad muy sencillo. Vea bien:

Si yo llego a su casa y usted me pregunta, "¿Quién le dijo a usted que viniera aquí a esta hora?", y yo le respondo, "Mis zapatos me hablaron anoche y me dijeron que viniera aquí a esta hora".

¡Eso es una personificación! ¿Por qué? Porque la realidad ontológica de un zapato no permite que se pueda interpretar en sentido literal. Todos sabemos que un zapato no tiene la capacidad de ser una persona.

Es decir, debido a que un zapato no tiene la capacidad de poseer inteligencia, ni la facultad de hablar en lenguaje humano para indicarle que debe ir a un lugar, eso se tiene que interpretar en sentido figurado y por lo tanto eso es una personificación.

Ahora bien, si yo llego a su casa y usted me pregunta, "¿Quién le dijo a usted que viniera aquí a esta hora?", y yo le respondo, "Un espíritu me habló anoche y me dijo que viniera aquí a esta hora".

¡Eso NO es una personificación! ¿Por qué no? Porque la realidad ontológica de un espíritu sí permite que se pueda interpretar en sentido literal. Bíblicamente un espíritu sí puede ser una persona con la capacidad de poseer inteligencia y la facultad de hablar literalmente, en lenguaje humano para decirle que vaya a un lugar. Esto, se tiene que interpretar en sentido literal y por lo tanto eso es una persona real y no puede ser una personificación.

¿Cuáles son algunos referentes que se pueden personificar?

Referentes inanimados/impersonales como un árbol, una piedra, un río, un zapato, la sabiduría, un sentimiento, o sea las cosas que "obviamente" no pueden ser personas.

¿Cuáles son algunos referentes que no se pueden personificar?

Referentes animados/personales como un ser humano, espíritus celestiales como Dios y ángeles, espíritus de origen celestial como Satanás y los demonios, o sea referentes que "obviamente" sí pueden ser personas.

¿A cuál de esas dos categorías de referentes pertenece el Espíritu Santo?

El Espíritu Santo pertenece a la categoría de espíritus celestiales que son referentes animados/personales que NO se pueden personificar. Esto, es así de simple:

Esto quiere decir que la Sociedad Atalaya ha engañado a sus seguidores haciéndoles creer que el Espíritu Santo pertenece a una categoría de referentes inanimados/impersonales como la sabiduría, la muerte y el pecado que se pueden personificar. Cuando en realidad, el Espíritu Santo pertenece a una categoría de referentes que son espíritus celestiales como Dios y ángeles celestiales que son referentes animados/personales los cuales no se personifican en la Biblia.

CAPÍTULO 5

Repasemos más pasajes que demuestran la persona del Espíritu Santo, siempre manteniendo en mente los mismos criterios y argumentos de la Sociedad Atalaya.

Recuerde que ellos indicaron que:

El contexto demuestra el sentido de la palabra "espíritu". O sea que cuando la Biblia está personificando algo, es "obvio", que en realidad no es una persona.

Veamos:

*"Más el que escudriña los corazones sabe cuál es la **intención** del Espíritu, porque conforme a la voluntad de Dios **intercede** por los santos"* (Romanos 8:27).

Aquí se ven dos referentes, Dios quien examina los corazones y sabe cual es la intención del Espíritu. Y el Espíritu quien entiende nuestras oraciones y cuya "intención" es la de interceder de acuerdo a los designios de Dios. El hecho de que "Espíritu" aparece con el artículo definido y se presenta como "intercesor" de los creyentes indica claramente que se refiere al Espíritu Santo.

La Sociedad Atalaya está de acuerdo que "el Espíritu" aquí es el "Espíritu Santo". En su Traducción Nuevo Mundo en línea incluye a: Juan 14:16; Juan 14:26; Juan 16:7, para este pasaje de Romanos 8:26-27 en sus referencias marginales.

Ahora bien, ya que estamos en acuerdo que "el espíritu" aquí es el "Espíritu Santo":

¿Le parece "obvio" a usted que Dios y el Espíritu Santo son fuerzas o poderes que en realidad no son personas?

Veamos algunos datos de importancia en cuanto a esa palabra de

"intención". Muchas de las traducciones en inglés traducen la palabra "intención" aquí como "mind" (mente). En español sería, "la mente del Espíritu". Esto se debe a que se refiere más que nada a una "mentalidad" o sea una "forma de pensar".

La palabra "intención" es la número 5427 en la Concordancia de Strong y es, "fronema" y quiere decir eso mismo, "mente, pensamientos o intenciones".

El Diccionario Expositivo de Palabras del Antiguo y del Nuevo Testamento Vine nos dice lo siguiente en cuanto a esta palabra: "denota lo que uno tiene en la mente, el pensamiento".

El Léxico del Nuevo Testamento de Arndt y Gingrich, (A Greek-English Lexicon of the New Testament and Other Early Christian Literature, 1957, pág. 874), nos dice que aquí en Romanos 8:27 está hablando literalmente de: la "forma de pensar" del Espíritu Santo.

Esto es evidencia bíblica y léxica concreta de que el Espíritu Santo literalmente posee una mente racional con la capacidad de pensar.

Y un último punto de importancia en cuanto a esta palabra de, "intención" aquí. Esta palabra aparece sólo 4 veces de esta forma en el griego del Nuevo Testamento y las cuatro están ahí mismo en el capítulo 8 de los Romanos. En otras palabras, el "contexto" en que aparece nos dice con mayor fuerza aún, que tiene el mismo significado en las 4 veces que aparece. Tres de ellas se refieren a la forma de pensar de los creyentes y la cuarta vez que aparece se refiere a la forma de pensar del Espíritu Santo. Las cuatro veces se refiere a una "forma de pensar" y **nunca es aplicada en esta forma a algo que no sea una persona**: Romanos 8:6, 8:7, 8:27.

La palabra **"intercede"** también es muy importante. Es la número 1793 en la Concordancia de Strong y es "entuncano".

El Diccionario Expositivo de Palabras del Antiguo y del Nuevo

Testamento Vine nos dice lo siguiente en cuanto a esta palabra: "primariamente encontrarse con, a fin de conversar, luego, hacer petición y, especialmente, interceder, rogar a alguien, bien a favor o en contra de otros". O sea que esta palabra se refiere a encontrarse con alguien para conversar a favor o en contra de otros y se usa de Cristo Jesús ahi mismo apenas unos 7 versículos después en Romanos capítulo 8:34.

Entienda que en Romanos 8:27 no se indica que "el que escudriña" los corazones sea una personificación de algo que en realidad no es una persona. Tampoco se indica que "los santos" sean una personificación de algo que en realidad no sean personas.

¿Qué es lo que existe en ese pasaje que indica que el Espíritu es una personificación de algo que en realidad no es una persona? ¡NADA!

Entonces, lo que queda "obvio" en Romanos 8:27 es que el Espíritu Santo literalmente posee una mente racional que piensa.

Y un último punto de importancia sobre esta palabra de, "intercede" aquí. Esta palabra aparece sólo 5 veces de esta forma en el griego del Nuevo Testamento y las cinco veces se refiere a personas literalmente intercediendo entre otras personas y **nunca es aplicada en esta forma a algo que no sea una persona**: Hechos 25:24; Romanos 8:27, 8:34, 11:2, Hebreos 7:25.

*"Pero Dios nos las reveló a nosotros por el Espíritu; porque el Espíritu todo lo **escudriña**, aun lo profundo de Dios"* (1ª Corintios 2:10).

Una vez más, el artículo definido para "el" Espíritu y el contexto nos indica que se trata de "el" Espíritu Santo. Por lo tanto aquí se ven los mismos dos referentes: Dios quien revela sabiduría y el Espíritu quien examina con entendimiento esa sabiduría hasta lo mas profundo como solo Dios mismo pudiera hacerlo.

La Sociedad Atalaya está de acuerdo que "el Espíritu" que todo lo escudriña aquí es el "Espíritu Santo". En su Traducción Nuevo Mundo en línea incluye a: Juan 14:26, en sus referencias marginales para este pasaje de 1ª Corintios 2:10.

Ahora bien:

¿Le parece "obvio" a usted que Dios y el Espíritu son fuerzas o poderes que en realidad no son personas?

Estamos viendo los mismos dos referentes de Romanos 8:27, solo que esta vez es el Espíritu quien "escudriña".

Esta palabra de **"escudriña"** es la número 2045 de Strongs que en el griego es, "ereunao". Y se refiere a examinar detalladamente o con diligencia.

La Nueva Traducción del Nuevo Mundo traduce este texto así:

*"Pues es a nosotros a quienes Dios se las ha revelado mediante su espíritu, porque el espíritu **examina** todas las cosas, hasta las cosas profundas de Dios" (1ª Corintios 2:10).*

Aquí, sencillamente no hay cabida para una personificación. El contexto una vez más es 100% literal y por lo tanto lo que demuestra son personas. Así, como no podemos decir que el Dios quien nos revela sabiduría es una personificación de algo que en realidad no es una persona, tampoco podemos decir que el Espíritu quien examina esa sabiduría es una personificación de algo que en realidad no es una persona.

Una fuerza impersonal no posee la mente racional que se necesita para realizar acciones personales como esa de "analizar" sabiduría.

Y un último punto de importancia sobre esta palabra de, "escudriña" aquí. Esta palabra aparece sólo 6 veces de esta forma en el griego del Nuevo Testamento y las seis veces se refiere literalmente al proceso mental de indagar y **nunca es aplicada en esta forma a algo que no sea una persona**: Juan 5:39, 7:52; Romanos 8:27; 1ª Corintios 2:10; 1ª Pedro 1:11; Ap. 2:23.

Recuerde que la personificación no es algo complicado ni misterioso. Todo lo contrario, es fácil de ver y el mismo contexto lo demuestra. Aquí, el Espíritu Santo es literalmente alguien que posee inteligencia, una mente propia que analiza y examina con diligencia la sabiduría de Dios. No existe nada en este texto que nos indique una personificación en el sentido figurado.

En 1ª Corintios 12:11 se declara que el Espíritu Santo posee voluntad propia y ejerce decisiones de acuerdo con Su propia voluntad tal como lo hace una persona.

"Todo esto lo hace un mismo y único Espíritu, quien reparte a cada uno según él lo determina" (1ª Corintios 12:11 – NVI).

En este caso curiosamente la Traducción del Nuevo Mundo no incluye pasajes en sus referencias marginales para 1ª Corintios 12:11. Pero en Hebreos 2:4 incluye: Hechos 2:22 y 1ª Corintios 12:11 en sus referencias marginales. No se dan cuenta que al considerar estos como versículos paralelos que hacen referencia a Hebreos 2:4, quien reparte los dones en Hebreos 2:4 termina siendo el Espíritu Santo, al igual que en 1ª Corintios 12:11.

Y el contexto de igual manera demuestra que el referente sea el Espíritu Santo:

En 1ª Corintios 12:3 nos dice que el Espíritu de Dios se refiere al Espíritu Santo. Y 1ª Corintios 12:13 hace referencia al Espíritu con el cual fuimos bautizados, el cual es el Espíritu Santo según, Hechos 1:5 y Hechos 11:16. De igual manera como vimos, Hebreos 2:4 nos indica que es el Espíritu Santo quien reparte los dones según su propia voluntad.

Es la primera lista del apóstol Pablo sobre los dones espirituales distribuidos por el Espíritu de Dios a los cristianos. Y repite a lo largo del capítulo, que todos estos dones son dados por el mismo Espíritu Santo de Dios. Él es el factor unificador de todos los dones espirituales. Ahora Pablo agrega que el Espíritu Santo es quien decide a quién se le dará cada don.

La palabra **"determina"** es la número 1014 en la Concordancia de

Strong y en el griego es, "boulemai". Enfatiza la intención en lo que se ha determinado. Es decir, cuando el Espíritu hace algo, es un acto que Él mismo ha deseado, planeado y decidido hacer. Eso demuestra una mente racional que medita en un detenido análisis de lo que va a hacer antes de hacerlo.

El Diccionario Expositivo de Palabras del Antiguo y del Nuevo Testamento Vine nos dice que esta palabra es un verbo que: "expresa generalmente el deliberado ejercicio de la volición con mayor intensidad".

El Léxico del Nuevo Testamento de Arndt y Gingrich, (A Greek-English Lexicon of the New Testament and Other Early Christian Literature, 1957, pág. 146), nos dice que aquí en 1ª Corintios 12:11 la palabra "boulemai" en el griego que a veces se traduce como "voluntad" o "determinación", se refiere literalmente a; "decisiones por voluntad propia después de haber deliberado".

Estos expertos del griego nos confirman que 1ª Corintios 12:11 nos está revelando que el Espíritu Santo "analiza racionalmente" o sea "medita" antes de decidir lo que va a hacer de su propia voluntad. Esta misma palabra de "boulemai" es la que se usa para la "determinación"/"voluntad propia" de Dios Padre en Santiago 1:18.

Un punto final es que esta palabra de, "determinar", la cual es la número 1014 en la Concordancia de Strong. Es aplicada al Espíritu Santo en 1ª Cor. 12:11 y aparece 34 veces de esta forma en el griego del Nuevo Testamento y **nunca es aplicada en esta forma a algo que no sea una persona**: Mat. 1:19, 11:27; Marc. 15:15; Luc. 10:22, 22:42; Juan 18:39; Hech. 5:28, 12:4, 17:20, 18:15, 18:27, 19:30, 23:28, 25:20, 25:22, 27:43, 28:18; 1ª Cor. 12:11; 2ª Cor. 1:15; Fil. 1:12; 1ª Tim. 2:8, 5:14, 6:9; Tito 3:8; Filemón 1:13; Heb. 6:17; Sant. 1:18, 3:4; 2ª Pedro 3:9; 2ª Juan 1:12; 3ª Juan 1:10; Judas 1:5.

Las Presuposiciones

En el Antiguo Testamento, cada vez que un espíritu, ya sea, el Espíritu de Jehová o un espíritu maligno venía "sobre" una persona, ese espíritu lo hacía actuar y hablar con autoridad (Jueces 3:10; 11:29; 15:14; 1ª Samuel 10:6; 11:6; 16:16, 23; 19:9; Joel 2:28-29).

Los indicios de esta experiencia en el período de los jueces y los reyes se asemejan a lo que hoy día llamamos "posesión". En otras palabras, los antiguos hebreos entendían a un espíritu como una entidad no solamente invisible y sobrenatural, sino también personal y no como una fuerza activa o energía.

Esto es importante, porque la Sociedad Atalaya de antemano le ha enseñado al Testigo de Jehová el significado de todo cuanto lee en la Biblia. Por lo tanto, cuando el Testigo de Jehová lee la Biblia, él o ella "presupone" de antemano que el Espíritu Santo no es una persona porque eso es lo que las Atalayas ya les ha enseñado de antemano.

En primer lugar, las presuposiciones son ideas que el estudiante de corazón sincero, las cambia, si así lo demanda el testimonio bíblico.

En segundo lugar, si es que existe alguna presuposición en cuanto a la persona del Espíritu Santo en el Nuevo Testamento, la única que pudiera tener algún mérito es que el Espíritu Santo es una entidad sobrenatural y personal porque ese es el testimonio bíblico del Antiguo Testamento.

Veamos un ejemplo que cumple los criterios de la misma Sociedad Atalaya para lo que es una persona:

*"Y vino sobre mí el **Espíritu de Jehová**, y **me dijo**: Di: Así ha dicho Jehová: Así habéis hablado, oh casa de Israel, y las cosas que suben a vuestro espíritu, yo las he entendido"* (Ezequiel 11:5).

La Sociedad Atalaya está de acuerdo que "el Espíritu de Jehová" que desciende sobre Ezequiel se refiere al "Espíritu Santo". En su Traducción Nuevo Mundo incluye a: 2ª Pedro 1:21, en sus referencias marginales para este pasaje de Ezequiel 11:5.

Aquí quiero que ponga mucha atención por favor:

La "influencia" es la acción y efecto de influir. Este verbo se refiere a los efectos que una cosa produce sobre otra. El viento mueve una hoja. La electricidad enciende una luz. Eso es lo que predican los Testigos de Jehová del Espíritu Santo. Que Él es un viento, una corriente de electricidad.

Pero la escena que se presenta en Ezequiel 11:5 es más que un poder "inspirando" o "impulsando" al profeta. Sino que cuando el Espíritu de Jehová vino sobre Ezequiel, le dijo a la letra exactamente lo que tenía que decir. Eso no es un poder inspirador, eso es una persona hablando con otra persona. Compare eso con lo que Cristo declara en Lucas 12:11-12.

Recuerde que la inteligencia y la capacidad de comunicar en lenguaje humano son dos requisitos que usa la Sociedad Atalaya para enseñar que los ángeles celestiales son personas. Los antiguos hebreos entendían que un espíritu es una entidad sobrenatural y personal, no una fuerza activa o energía. Es decir, que el Antiguo Testamento no nos da razón para presuponer de antemano que los espíritus celestiales en el Nuevo Testamento sean fuerzas impersonales. Todo lo contrario, el Antiguo Testamento establece la personalidad de los espíritus celestiales.

Entonces, si tanto en el Antiguo Testamento como en el Nuevo Testamento se presentan a los espíritus como personas, ¿por qué el Testigo de Jehová presupone automáticamente que el Espíritu Santo no puede ser persona?

Porque así ha dicho la Sociedad Atalaya y el Testigo de Jehová vive de cada palabra que sale de la boca de la Sociedad Atalaya. En mi experiencia personal he visto que les está prohibido interpretar la Biblia sin primero consultar la literatura de la Sociedad Atalaya. Es decir, antes que un Testigo de Jehová analice cualquier evidencia bíblica ya ha sido adoctrinado por un grupo de ancianos en Brooklyn, New York.

Pero aquel que no vive bajo el control mental de esos hombres analiza la evidencia bíblica con libertad y no le sorprende cuando Jesús les introduce el Espíritu Santo a sus discípulos como una persona que tomaría su lugar cuando Él regresara al cielo.

Observemos dos pasajes que lo demuestran:

*"Yo le pediré al Padre, y él os dará **otro Consolador** (Paráclitos) para que esté con vosotros para siempre: el Espíritu de verdad"* (Juan 14:16).

Para entender el verdadero significado de la expresión "otro Consolador", se tiene que tomar en cuenta el contexto en el que aparece por primera vez. Y en este caso, el contexto revela, que, así como el Hijo es una persona celestial y Divina enviado del Padre al mundo, así también, el Espíritu Santo sería una persona Divina enviada del Padre al mundo. Este es el paralelo personal que nos presenta el texto entre Jesús y el Espíritu Santo. Jesús aquí está revelando la venida de aquel quien tomará Su lugar como Consolador, Defensor y Guía de los discípulos cuando Él haya regresado al cielo. La expresión "otro" le confirma que ya había uno, ya había un "Paráclitos" con ellos. De no ser así naturalmente no diría "otro". Jesús había sido el Paráclitos (consolador, defensor, consejero y guía) de los discípulos, pero ahora que Él se va, les enviará "otro" que tomará Su lugar para consolar, defender, aconsejar y guiar a los discípulos como Él lo había hecho por tres años y medio. De que Jesús es y había sido Paráclitos también queda confirmado en 1ª Juan 2:1. (Dr. Bowman)

Así como el Hijo vino "del Padre" para ser Paráclitos de los discípulos, así también el otro Paráclitos, el Espíritu Santo también vendría "del Padre", (Juan 15:26).

Estos paralelos en la Biblia revelan que al igual que el Hijo, el Espíritu Santo es una figura celestial y Divina que estaba con el Padre en los cielos y vendría personalmente a los discípulos para estar con ellos. Y es precisamente por este contexto narrativo que la expresión "otro Paráclitos" nos está diciendo que el Espíritu Santo sería el sucesor personal de Jesús. Es decir, una persona Divina enviada del Padre que vendría a seguir ejerciendo las funciones de "otra" persona Divina quien había sido enviada del Padre.

Analicemos un poco esa expresión de "allon Parácliton" (otro Consolador)

Esa palabra de **"allos"** que en el griego original se refiere a **"otro"**, no se refiere a otro de otra clase sino a otro de lo mismo.

Veamos lo que dice el Léxico de Joseph Thayer (Thayer's Greek–English Lexicon of the New Testament):

• "allos denota simplemente la distinción de individuos, héteros implica la idea secundaria de diferencia de tipo".

Es una distinción de individuos, pero no de otro tipo. Esto quiere decir que:

¡El Espíritu Santo no puede ser un Consolador **"impersonal"** para reemplazar un Consolador **"personal"** porque eso sería **"otra clase"** de Consolador y Jesús está diciendo que sería un Consolador de **"la misma clase"**!

Si Jesús hubiese querido decir que el Espíritu Santo sería un Consolador impersonal como una fuerza, Él hubiese usado la palabra **"héteros"** (otro de otra clase) en lugar de la palabra **"allos"** (otro de la misma clase) en Juan 14:16.

Jesús introduce al Espíritu Santo como una persona celestial que vendrá: a enseñarles como Él les había enseñado, a guiarlos como les había guiado y a consolarlos como Él les había consolado mientras estuvo con ellos.

Entonces, ya entendiendo que Jesús está diciendo que el Espíritu Santo sería otra persona que tomaría Su lugar con los discípulos, regresemos al texto de Juan 14:16:

*"Yo le pediré al Padre, y él os dará **otro Consolador** para que esté con*

vosotros para siempre: el Espíritu de verdad".

Analicemos un poco esta palabra, **"Consolador"**. En el griego koiné original es, **"Paráclitos"**. En el latín es, **"Advocatus"**, de donde obtenemos nuestra palabra en español, **"Abogado"**. Es una persona de alto nivel social hablando a favor de un acusado en un tribunal ante un juez. Esta palabra aparece de esta forma solo 5 veces en el griego del Nuevo Testamento. Cuatro veces aplicada al Espíritu Santo y una vez aplicada a Cristo Jesús: Juan 14:16, 14:26, 15:26, 16:7, 1ª Juan 2:1.

Esta palabra, "paráclitos" en la Concordancia de Strong es la número 3875 y quiere decir lo siguiente: "alguien que defiende la causa de otro ante un juez, un abogado, un abogado defensor, un asistente legal".

El Diccionario Expositivo de Palabras del Antiguo y del Nuevo Testamento Vine nos dice en cuanto a esta palabra: "Se usaba en las cortes de justicia para denotar un asistente legal, un defensor, un abogado".

El Léxico de palabras griegas de Joseph Thayer nos dice lo siguiente de esta palabra: "uno que defiende la causa de otro ante un juez, un defensor, abogado defensor, asistente legal".

Otro punto de importancia es que en casos así el contexto no permite la excusa de la personificación del Espíritu Santo porque lo presenta en un paralelo directo con la persona de Jesús. Lo que Jesús está diciendo es: "El Espíritu Santo va a hacer lo mismo que yo con ustedes y de la misma forma en que yo lo he estado haciendo con ustedes." Y eso es claramente una persona Divina tomando el lugar de otra persona Divina.

Todo esto ha sido evidencia narrativa y textual basada en el lenguaje original que nos indica que cuando Cristo dice, "otro Consolador" en Juan 14:16, eso se refiere a una persona tomando el lugar de otra persona. Y la idea que el Espíritu Santo pudiera ser una fuerza impersonal queda totalmente descartada en base a estas evidencias bíblicas.

Bien, hay otro pasaje que involucra directamente la persona de Cristo Jesús y quisiera regresar a otro principio interpretativo que ya hemos mencionado pero que ahora lo queremos ver un poco más de cerca. Se trata de; **cuando la personificación no tiene cabida dentro del contexto**.

Cuando tratamos de interpretar las descripciones del Espíritu Santo como meras figuras retóricas o personificaciones, el intento es un fracaso total porque los contextos de los pasajes no se ajustan a la premisa de que el Espíritu Santo no sea una persona.

Observe con cuidado:

*"Cuando os trajeren a las sinagogas, y ante los magistrados y las autoridades, no os preocupéis por cómo o qué habréis de responder, o qué habréis de decir; porque **el Espíritu Santo os enseñará** en la misma hora lo que debáis decir"* (Lucas 12:11-12).

La palabra **"enseñará"** es la número 1321 en la Concordancia de Strong y en el griego original es, **"didasko"**. Esta palabra se refiere a: instruir, impartir conocimiento, entablar un discurso con otros para instruirlos, pronunciar un discurso didáctico. Es la misma palabra "enseñando" que se le aplica a Cristo Jesús en Mateo 4:23, cuando estaba "enseñando en las sinagogas".

¿Cómo es entonces que el Espíritu Santo les "enseñaba" a los discípulos lo que habrían de decir ante los magistrados y las autoridades? Platicando con ellos así como cuando Jesús "enseñaba" en las sinagogas.

Como ya mencionado, esto es muy importante porque los Testigos de Jehová se imaginan que el Espíritu Santo es una mera fuerza o influencia. Pero lo que Cristo está declarando en Lucas 12:11-12, es más que un poder que llenará a los discípulos de valor para declarar algo. Es una persona que hablará con ellos y les dirá las meras palabras que han de hablar.

*"Pero cuando venga el Consolador a quien yo os enviaré del Padre, el Espíritu de verdad, el cual procede del Padre, él dará testimonio acerca de mí. Y vosotros daréis testimonio **también**, porque habéis estado conmigo desde el principio"* (Juan 15:26-27).

Recuerde que un texto sin **contexto** es un pretexto para engañar. Tome nota del paralelo personal que Jesús declara cuando dice, "vosotros también". Eso indica que la manera en que el Espíritu Santo dará testimonio es la manera en que los discípulos darán testimonio; **"también"**.

Es decir, ustedes **"también"** testificarán de la manera en que el Espíritu Santo testificará. Jesús presenta aquí al Espíritu Santo como alguien más junto a los discípulos que testificará personalmente de Él.

En el capítulo 5 de los Hechos, Pedro declaró:

*"Y somos testigos de estas cosas, y **también** lo es el Espíritu Santo que Dios ha dado a los que le obedecen".* (Hechos 5:32)

"y también lo es el Espíritu Santo"

También es una persona que testifica juntamente con ellos. Esto confirma Juan 15:26-27. El Espíritu Santo es presentado como el testigo celestial quien confirma el testimonio terrenal de los discípulos.

*"Aún tengo muchas cosas que **deciros**, pero ahora no las podéis sobrellevar. Pero cuando venga el Espíritu de verdad, **él os guiará a toda la verdad**; porque no **hablará** por su propia cuenta, sino que **hablará** todo **lo que oyere**, y **os hará saber** las cosas que habrán de venir"* (Juan 16:12-13).

Lea detenidamente este pasaje y note con mucho cuidado **"la manera"** en que el Espíritu Santo *"guiará"* a los discipulos a toda la verdad y les *"hará saber"* los eventos del porvenir:

Lea el pasaje otra vez. El Espíritu Santo les > *¡**Hablará**!*

La palabra, **"deciros"** aquí es la número 3004 en la Concordancia de Strong y en el griego original es, **"lego"**. Se refiere a literalmente emitir palabras y se usa del Espíritu Santo en Hechos 13:2: "Dijo El Espíritu Santo".

Aquí, la palabra **"hablará"** es la número 2980 en la Concordancia de Strong y en el griego original es, **"laleo"**. Esta palabra también se refiere a literalmente emitir palabras para revelar pensamientos.

Una vez más, vemos que es imposible tomar el texto en sentido figurado. Es decir, si la palabra "deciros" se refiere a lo que Cristo Jesús literalmente habla en lenguaje humano, entonces la palabra "hablará" de igual manera se refiere a lo que el Espíritu Santo literalmente habla en lenguaje humano.

La palabra **"oyere"** también es muy importante. Es la número 191 en la Concordancia de Strong y en el griego original es, **"akouo"**. Esta palabra se refiere al sentido natural y normativo de personas escuchando palabras con entendimiento racional. Es la misma palabra que usa Cristo Jesús en Juan 15:15.

Así como el Hijo "habló" lo que "escuchó" del Padre, de igual manera el Espíritu Santo "hablará" lo que "escuche" del Hijo.

Naturalmente, aquí la pregunta para el Testigo de Jehová deberá ser: ¿Cómo es que una fuerza impersonal literalmente escucha el mensaje de Cristo Jesús con entendimiento racional para entonces literalmente comunicar ese mismo mensaje a los discípulos en lenguaje humano? Pasajes como estos demuestran con total claridad lo absurdo que es la postura de los Testigos de Jehová en cuanto a la persona del Espíritu Santo.

Esto nos lleva al siguiente frase de Juan 16:12-13:

"os hará saber las cosas que habrán de venir"

Naturalmente la pregunta aquí deberá ser:

¿Cómo es que el Espíritu Santo les hará saber las cosas que habrán de venir?

Veamos algunos ejemplos de esto en el libro de los Hechos:

*"Ahora, he aquí, ligado yo en espíritu, voy a Jerusalén, sin saber lo que allá me ha de acontecer; salvo que el **Espíritu Santo** por todas las ciudades me **da testimonio, diciendo** que me esperan prisiones y tribulaciones"* (Hechos 20:22-23).

¿Cómo fue entonces que el Espíritu Santo le hizo saber al apóstol Pablo las cosas que habrían de venir? Hablando en lenguaje humano; **¡diciéndoselo!**

La palabra **"diciendo"** en este pasaje es la número 3004 en la Concordancia de Strong y en el griego original es, **"legón"**. Es la palabra que siempre se usa de personas dialogando como en Hechos 26:15.

Un poder impersonal como el viento puede hacer muchas cosas. Pero hablar en lenguaje humano con otras personas sobre eventos del porvenir no es una de ellas.

Veamos otro ejemplo:

*"Y permaneciendo nosotros allí algunos días, descendió de Judea un profeta llamado Agabo, quien viniendo a vernos, tomó el cinto de Pablo, y atándose los pies y las manos, dijo: **Esto dice el Espíritu Santo**: Así atarán los judíos en Jerusalén al varón de quien es este cinto, y le entregarán en manos de los gentiles"* (Hechos 21:10-12).

Entonces: ¿cómo fue que el Espíritu Santo le hizo saber al profeta las cosas que habrían de venir? ¡Hablando en lenguaje humano; **¡diciéndoselo!**

Repito, esto es muy importante porque los Testigos de Jehová se imaginan que el Espíritu Santo es una mera fuerza o influencia. Pero lo que seguimos viendo una y otra vez es que el Espíritu

Santo es mas que un poder que anima. Es una persona que habla con otras personas en lenguaje humano.

El Espíritu Santo testifica verbalmente en lenguaje humano de la misma manera en que testificaron los discípulos. Posee mente propia y racional para entender las palabras que escucha y la misma habilidad que posee Dios y los ángeles celestiales para emitir palabras en lenguaje humano de aquello que escucha y entiende.

Repito, un poder impersonal como el viento puede hacer muchas cosas, pero hablar en lenguaje humano con otras personas sobre eventos del porvenir no es una de ellas. Esto es testimonio bíblico contundente de la persona del Espíritu Santo.

Dicho sea de paso, existen otros pasajes fuera del libro de los Hechos que presentan al Espíritu Santo literalmente hablando: 1ª Timoteo 4:1; Hebreos 3:7-11; 10:15-17; 1ª Pedro 1:12; 1ª Pedro 2:7, 11, 17, 29; 1ª Pedro 3:6, 13, 22.

CAPÍTULO 6

Ahora bien, aparte de los argumentos principales los Testigos de Jehová, también han inventado y por supuesto, seguirán inventando otros pretextos fantasiosos que no hemos cubierto detalladamente porque en realidad como hemos visto, no son mas que eso mismo, pretextos fantasiosos.

Por ejemplo:

"La biblia en ningún lugar dice directamente que el Espíritu Santo es Dios."

Esto es una excusa infantil que nada prueba y se refuta con el mismo criterio.

"La biblia en ningún lugar dice directamente que el Espíritu Santo es la fuerza activa de Dios."

Otro ejemplo:

"La palabra Trinidad no aparece en la biblia porque es una falsa doctrina pagana."

Repito, son puros caprichos infantiles que nada prueban y se refutan con el mismo criterio.

Vea bien:

"La palabra Monoteísmo no aparece en la biblia porque es una falsa doctrina pagana."

Ningún Testigo de Jehová le podrá demostrar donde la biblia dice directamente que el Espíritu Santo es una fuerza activa y menos van a confesar que el Monoteísmo es una doctrina pagana y falsa porque ese término no aparece en la biblia.

¿Entonces qué demuestran estos argumentos que se refutan tan fácilmente con sus mismos criterios?

Demuestran que la biblia no revela sus verdades en base a nuestros caprichos y antojos. Eso de, "Bueno, si no lo dice como yo quiero que lo diga, entonces no lo creo", es una declaración basada en la arrogancia.

Ni la Sociedad Atalaya ni nadie es quién para imponer sus criterios de cómo la biblia ha de revelar su verdad. La biblia revela su verdad de acuerdo a como nuestro soberano Dios ha querido que se revele y nosotros necesitamos recibir la verdad con agradecimiento y humildad en la manera que Dios ha decidido revelarla sin imponer nuestras ideas y criterios de cómo tenía que haber sido revelada.

Daré otro ejemplo más detallado de lo que quiero decir con esto de las excusas infantiles que en realidad no son argumentos genuinos.

Digamos que quiero demostrar lo que es una casa:

Exteriormente le muestro la estructura con el techo, paredes, puertas, y ventanas. Por dentro le muestro los cuartos, las paredes, los pasillos, etc. Usted logra ver todo cuanto se necesita ver para entender que eso es una casa.

Pero de repente el Testigo de Jehová le dice: "Pero fíjese que no está pintada de verde, y si no está pintada de verde no puede ser una casa de verdad. Eso, es una Casificación".

Es decir, así como pretenden alegar la "personificación" del Espíritu Santo, de igual manera se inventarían una "casificación" para una casa la cual no quieren confesar que es realmente una casa.

Todos sabemos que una casa no necesita estar pintada de verde para ser una casa. Es un puro pretexto caprichoso de alguien que simplemente no quiere aceptar que se la ha presentado una casa.

Pues así son los argumentos que presentan los Testigos de Jehová para la personificación del Espíritu Santo. En algunos países también se conoce comúnmente como, "pataletas de ahogado".

Veamos un ejemplo de estos otros "supuestos" argumentos de los Testigos de Jehová el cual dice algo así:

"No se ven **diálogos** con el Espíritu Santo en la Biblia y esto es evidencia de que no es una persona".

Aquí daré algunos puntos que demuestran cuán absurdo es esa idea:

En primer lugar, eso es falso del todo porque la Biblia nos indica en Hechos 15:25-28 que los apóstoles consultaban con el Espíritu Santo en sus diálogos cuando se reunían. Es decir, **"dialogaban"** con el Espíritu Santo en sus reuniones. Vea bien en Hechos 15:25 la frase, *"nos ha parecido bien, habiendo llegado a un acuerdo"*. Ese acuerdo es un acuerdo discutido, hablado y el Espíritu Santo participa en la plática. El mismo apóstol Pedro te lo confirma apenas tres versículos después en Hechos 15:28 con la misma frase, *"Porque ha parecido bien al Espíritu Santo, y a nosotros"*.

En segundo lugar, las citas bíblicas donde habla el Espíritu Santo por lo general son órdenes o declaraciones. No son preguntas que indiquen la necesidad de una respuesta.

En tercer lugar, existen ángeles celestiales que hablan y se presentan como personas sin diálogos como requieren del Espíritu Santo. Por ejemplo, en Hechos 8:26-27, la Sociedad Atalaya considera este ángel una persona a pesar de que no se ven ambas personas dialogando.

En cuarto lugar, en Jueces 9:8-15 vemos árboles dialogando y la Sociedad Atalaya no los considera personas, aunque se presentan dialogando.

En quinto lugar, no vemos diálogos como este que requieren del Espíritu Santo para Noé en el Antiguo Testamento ni José de Nazaret en el Nuevo Testamento. Es más: ¡José de Nazaret ni siquiera habló una sola palabra! ¿Pero dónde están los Testigos de Jehová diciendo qué Noé y José de Nazaret no fueron personas porque la Biblia nunca los presenta dialogando?

Por último, los cristianos que hemos nacido del Espíritu dialogamos con Él diariamente. Y esto no comenzó con nosotros. Los apóstoles hacían lo mismo porque la Biblia nos llama a vivir en compañerismo personal con el Padre y con el Hijo y con el Espíritu Santo. Véase por favor en: 1ª Juan 1:3 y 2ª Corintios 13:14.

Otro pretexto disfrazado como argumento es el siguiente:

"La Biblia aplica el término 'prosopon' al Padre y al Hijo, pero no lo aplica al Espíritu Santo. La razón es que el Padre y el Hijo son personas, pero el Espíritu Santo no es una persona. Si el Espíritu Santo fuese persona, la Biblia le hubiese aplicado el término, *'prosopon'*".

Esto es como decir que una casa tiene que estar pintada de verde para que realmente pueda ser una casa. Pero la verdad es que así como una casa no tiene que estar pintada de verde para ser una casa, tampoco un referente se le tiene que aplicar el término 'prosopon' para que sea una persona.

Veamos si la Biblia demuestra que este término "prosopon" es necesario para confirmar si un referente es una persona:

La idea tras este argumento es que la Biblia nunca se refiere a que el Espíritu Santo tenga un *"rostro"* (prosopon). A veces, este término también se parafrasea con la palabra "persona" (Gálatas 1:22, 1ª Tesalonicenses 2:17). Este término aparece sólo 76 veces en el Nuevo Testamento.

Esto quiere decir que son muchas las personas en la Bíblia a quienes nunca se les aplicó este término de "rostro" y no por eso, dejaron de ser personas.

Entonces, la falacia del argumento se demuestra con facilidad porque no vamos a ver a la Sociedad Atalaya diciendo que los demonios, las mujeres y los niños son fuerzas impersonales solo porque la Biblia nunca les aplica el término "prosopon".

Tampoco vamos a ver ningún Testigo de Jehová diciendo que las flores son personas porque en Santiago 1:11, la Biblia les aplica el término "prosopon".

Esto quiere decir que el término "prosopon" no es un indicador determinante que confirme si un referente es persona o no porque se aplica a cosas que no son personas y no es aplicado a muchos referentes que sí son personas.

En otras palabras, así como el término "prosopon" no puede hacer que las flores sean personas, de igual manera la falta del término "prosopon" tampoco puede hacer que el Espíritu Santo no sea persona. El argumento de que la ausencia de esta palabra indica de alguna manera que el Espíritu Santo no es una persona es simplemente un argumento absurdo.

Un último punto a manera de apologética en cuanto al término "prosopon":

El Testigo de Jehová pudiera alegar que los demonios, las mujeres y los niños no necesitan que se le aplique el término "prosopon" para ser personas. Basta con que se le aplique a un solo miembro de esa categoría de referentes para que todos los que pertenecen a ese grupo de referentes sean personas.

O sea que, si la Biblia le aplica "prosopon" a un ser humano, lógicamente todos los seres humanos son personas, aunque no se le aplique este término de "prosopon".

Pero si nos basamos en ese mismo argumento, cuando la Biblia aplica "prosopon" a un espíritu, lógicamente todos los espíritus son personas, aunque no se les aplique el término "prosopon".

Por lo tanto, si esta excusa de los mismos Testigos de Jehová es válida, entonces el Espíritu Santo definitivamente es una persona por cuanto es un espíritu y la biblia aplica el término "prosopon" a los espíritus.

En realidad, para que usted pueda ver claramente cuán ingenuo son los argumentos de la Sociedad Atalaya, medite lo siguiente:

¿En qué forma estas cosas afectan, cambian o niegan el testimonio bíblico para la persona del Espíritu Santo que usted ha leído en estos estudios?

¡En absolutamente nada!

En otras palabras, si usted ya vió con sus propios ojos el techo, las paredes, las ventanas, los cuartos y los muebles y todo lo que conlleva una casa es porque es una casa. Y el hecho de que no esté pintada de verde no puede en ninguna forma cambiar el hecho de que es una casa.

¿Por qué no?

Porque una casa no tiene que estar pintada de verde para ser una casa, de la misma manera en que al Espíritu Santo no necesita que se le aplique el término "prosopon" para ser una persona.

El testimonio bíblico que usted ha presenciado en estos estudios es tan definitivo que pudimos aplicar los mismos argumentos y criterios de la Sociedad Atalaya para confirmar el testimonio sobre la persona del Espíritu Santo de manera inequívoca en las Escrituras.

Como hemos venido analizando desde el principio, cuando aplicamos los mismos argumentos y criterios que la Sociedad Atalaya aplica para la persona de Dios, ángeles, Satanás y los demonios, vemos que la Biblia nos presenta testimonio irrefutable para la persona del Espíritu Santo.

Y quiero reiterar la importancia de algo que aclaré al principio:

No se imagine ni por un momento que una persona pudiera equivocarse con el Espíritu Santo y pretender todavía conocer al verdadero Cristo y al verdadero Dios Padre.

Eso es bíblicamente imposible porque nadie puede conocer al

verdadero Cristo a no ser que el verdadero Espíritu Santo se lo revele. Y nadie puede conocer al verdadero Dios Padre a no ser que el verdadero Hijo se lo haya revelado.

Por eso el Testigo de Jehová no puede tener una relación personal con el Espíritu Santo porque para ellos no es una persona, es solo como una corriente de electricidad. ("¿Deberíamos creer en la Trinidad?". Pág. 20).

Para ellos, Cristo Jesús no es Dios. Ni siquiera el mediador entre Dios y la humanidad. Es solo mediador entre Dios y 144 mil Testigos de Jehová ungidos. ¡El resto de los Testigos de Jehová y el resto de la humanidad dependen de la Sociedad Atalaya si quieren ser salvos! ("Seguridad mundial bajo el 'Príncipe de paz'", 1986, págs. 10-11).

Por un lado, dicen que Dios Padre es Todopoderoso, pero por otro lado dicen que tiene límites, que ni siquiera sabe todas las cosas y tampoco puede estar en todo lugar a la misma vez. ("Razonamiento para comprender las Escrituras", Vol. 1, págs. 853 y 969).

Muchos cristianos no tienen idea hasta donde llegan las herejías de esta secta que nació de la masonería, la piramidología y el ocultismo de Carlos Russell. Por eso no les importó apoyarse en Johannes Greber (el líder de una secta satánica en Alemania), para su Nueva Traducción del Nuevo Mundo. Los Testigos de Jehová adoran un Dios muy diferente al Dios que revela la Biblia.

Y debemos preguntarnos, ¿por qué? ¿Dónde comienzan todas estas herejías?

Comienzan con no conocer al Único que les puede abrir los ojos espirituales para revelarles toda la verdad. El Espíritu Santo es el único que abre el entendimiento del ser humano para guiarlo hacia toda la verdad. No se ha cumplido la promesa de Cristo en ellos. No han nacido de nuevo. No conocen al Espíritu Santo y por cuanto no lo conocen siguen poseídos por un espíritu de error que no les permite recibir la verdad.

Cuando dejamos que la Biblia hable por sí misma y respetamos el sentido claro y normativo de la Escritura, vemos que al igual que Dios y los ángeles, de ninguna manera el Espíritu Santo pudiese ser una personificación de algo que en realidad no es una persona.

Cuando miramos los pasajes del Nuevo Testamento que tratan con el Espíritu Santo como persona, no se distinguen de las declaraciones que hacen lo mismo con los otros espíritus celestiales como Dios y ángeles. Son los mismos atributos personales aplicados en el mismo sentido literal al Espíritu Santo.

A manera de conclusión veamos un ejemplo que envuelve nuestra "comunión" con Dios:

*"Lo que hemos visto y oído, eso os anunciamos, para que también vosotros tengáis **comunión** con nosotros; y nuestra **comunión** verdaderamente es con el Padre, y con su Hijo Jesucristo"* (1ª Juan 1:3).

Claramente el paralelo de "comunión" que se presenta en el contexto revela que la comunión con Dios Padre y con el Hijo de Dios se refiere a la misma clase de "compañerismo personal" que tenemos entre creyentes.

*"La gracia del Señor Jesucristo y el amor de Dios y la **comunión** del Espíritu Santo sean con todos ustedes"* (2ª Corintios 13:14).

Note como "Espíritu Santo" lleva el artículo definido que de acuerdo a los Testigos de Jehová, nos indica una persona. Y aquí de igual manera el contexto revela que la comunión del Espíritu Santo "con" nosotros se dirige al compañerismo personal que vimos en 1ª Juan 1:3 entre creyentes.

La Sociedad Atalaya traduce estos pasajes de la siguiente manera en su Nueva Traducción del Nuevo Mundo:

*"lo que hemos visto y oído, se lo estamos contando también a ustedes, para que ustedes también estén **unidos** a nosotros. Y nosotros estamos **unidos** al Padre y su Hijo, Jesucristo."* (1ª Juan 1:3).

Y en sus notas con las referencias marginales declaran lo siguiente en cuanto a, "comunión":

"tengan participación con", "sean compañeros de"

Note cómo disminuyen la importancia en cuanto a la idea de **"relacionarse"** personalmente y sólo mencionan el aspecto de **"unidad"** en cuanto al término, **"comunión"**. Es solamente en sus notas donde admiten que se refiere a **"compañerismo entre personas"**.

*"Que la bondad inmerecida del Señor Jesucristo, el amor de Dios y **el espíritu santo del que todos ustedes se benefician** estén con todos ustedes." (2ª Corintios 13:14).*

En este caso una vez más eliminan la palabra "comunión", pero no incluyen notas ni referencias de "compañerismo entre personas" para la palabra, "comunión".

Por que no?

¡Porque entonces estarían confesando que 2ª Corintios 13:14 nos está declarando que nuestro "compañerismo personal" es también **"con"** el Espíritu Santo!

Es la misma palabra de nuestra "comunión" los unos "con" los otros y "con" el Padre y "con" el Hijo que vimos en 1ª Juan 1:3.

Lo triste del caso para los Testigos de Jehová es que al decir, *"el espíritu santo del que todos ustedes se benefician"*, tampoco niega en ninguna forma la persona del Espíritu Santo. ¿Que impide que nos estemos beneficiando en alguna manera de una persona?

Entonces, al borrar la palabra, "comunión" en traducción no se elimina la idea de que, así como vimos en 1ª Juan 1:3; nuestra comunión es los unos **"con"** los otros y **"con"** el Padre y **"con"** el Hijo, y que de igual manera 2ª Corintios 13:14 está haciendo referencia a nuestra relación personal **"con"** el Espíritu Santo.

La gracia del Señor Jesucristo se refiere a la bondad inmerecida que nos brinda una persona. El amor de Dios se refiere al amor de una persona. Entonces, la comunión del Espíritu Santo se refiere al compañerismo personal que nos brinda una persona.

Este compañerismo personal es entre los unos con los otros y con Él mediante los "beneficios" o mejor dicho, los dones Divinos y la unidad espiritual que Él ha proveído. Es decir, Él está incluido en el compañerismo personal porque la **"comunión"** de la iglesia creada **"por"** el Espíritu Santo se produce a través de la participación común **"en"** Él y **"con"** Él. [1]

Entonces, el contexto nos deja en claro que se trata de tres personas distintas y algo personal mediante lo cual nos relacionamos con cada uno de ellos.

Otro punto de importancia es que aquí, como en Mateo 28:19, aplica la Sexta Regla de Granville Sharp donde la distinción de cada referente se indica con el artículo definido y si los primeros dos referentes son personas, el tercer referente también lo es. [2]

La palabra **"comunión"** en estos pasajes es la número 2842 en la Concordancia de Strong y en el griego original es, **"koinonia"** que es un derivado del número 2844 en la misma Concordancia. Quiere decir: "compañerismo, asociación, comunidad, comunión". Se refiere principalmente a la **"interacción social"** entre personas y es la misma palabra que aparece en 1ª Juan 1:3 donde la comunión es acerca de personas conviviendo juntas, es decir, compañerismo personal.

La Biblia nos manda a convivir en compañerismo personal los unos con los otros, y así de igual manera; con el Padre y con el Hijo y con el Espíritu Santo. Nosotros que fuimos creados a la imagen y semejanza de un Dios personal, no somos fuerzas impersonales. Por lo tanto, tampoco el Padre, ni el Hijo, ni el Espíritu Santo son fuerzas impersonales. Nuestra relación con Dios comienza con la revelación Divina del Espíritu Santo a nuestros corazones de quien realmente es, Cristo Jesús, para que por medio de Él seamos reconciliados con Dios Padre. En otras palabras, es la persona del Espíritu Santo quien produce el cambio espiritual en el ser humano que se necesita para salvación.

Addendum

Argumentos y Respuestas Básicas

A manera de repaso, quisiera dar una vez más la lista de algunos de los argumentos principales de la Sociedad Atalaya en contra de la persona del Espíritu Santo. Esta lista estará acompañada de la manera más breve de responder a cada argumento.

Argumento: El espíritu santo no es una persona. Cuando la Biblia presenta al espíritu santo como una persona, está personificando algo que en realidad no es persona. Es igual a cuando la Biblia presenta árboles hablando o los montes cantando como si fueran personas.

Respuesta: Cuando se trata de la personificación hay solo dos categorías de referentes: la categoría de los referentes impersonales como árboles y montes que se pueden personificar, y la categoría de los referentes personales como seres humanos y espíritus celestiales que no se pueden personificar por cuanto son personas. El Espíritu Santo pertenece a la categoría de referentes que son espíritus celestiales los cuales no se pueden personificar por cuanto son personas. No existen casos de espíritus celestiales personificados en la biblia. De cualquier forma legítima que se pudiera medir un espíritu en la Biblia para ver si es persona, cuando se mide al Espíritu Santo con esa misma vara, ese mismo criterio, la Biblia revela indiscutiblemente que el Espíritu Santo es una persona.

Argumento: La Biblia aplica lenguaje metafórico al espíritu santo.

Respuesta: La Biblia también aplica lenguaje metafórico a Dios y a los ángeles celestiales y a personas humanas también. Eso demuestra que el lenguaje metafórico no puede hacer que un referente personal se convierta en un referente impersonal.

Argumento: La Biblia le aplica pronombres neutros al Espíritu Santo.

Respuesta: La Biblia aplica pronombres neutros a los demonios y a los niños y son personas. Eso demuestra que el género gramatical de un pronombre en el griego original de la Biblia no es lo que confirma si un referente es persona o no.

Argumento: El Espíritu Santo no tiene un nombre personal.

Respuesta: El ángel de Jehová en el Antiguo Testamento tampoco tiene un nombre personal y la Sociedad Atalaya lo considera una persona. La Sociedad Atalaya reconoce que los ángeles celestiales y los demonios son personas aun cuando no tienen nombre personal. Esto demuestra que un nombre personal no confirma si un referente es persona o no. El nombre personal del Espíritu Santo es, YAHWEH por cuanto es una persona Divina, increado y eterno.

Argumento: El Espíritu Santo no tiene diálogos mutuos con otras personas.

Respuesta: El argumento es del todo falso porque la Biblia nos indica en Hechos 15:25-28 que los apóstoles consultaban con el Espíritu Santo en sus diálogos cuando se reunían. También existen ángeles celestiales que hablan y se presentan como personas sin diálogos mutuos como en Hechos 8:26-27. La Sociedad Atalaya los considera persona aun sin diálogos mutuos.

Argumento: El Espíritu Santo no se le aplica el término "prosopon" (rostro).

Respuesta: La Biblia no aplica el término "prosopon" a los demonios, ni mujeres, ni niños. Esto no les convierte en fuerzas impersonales. La Biblia aplica el término "prosopon" a cosas que no son personas como a las flores en Santiago 1:11. Esto quiere decir que el término "prosopon" no es un indicador que determina o confirma si un referente es persona o no.

Conclusión:

El mejor indicador para saber si un referente es persona o no, es el significado normativo universal del sustantivo y el contexto en que aparece.

BIBLIOGRAFÍA

- Bowman, R. (21 de Agosto, 2014). The Personhood of the Holy Spirit in John and Acts: A Narrative Approach. http://bib.irr.org/personhood-of-holy-spirit-in-john-and-acts-narrative-approach

- Ryken, L. (11 de Julio, 2009). Is the Holy Spirit a Personification? https://www.equip.org/article/is-the-holy-spirit-a-personification/

[1] Las tres cláusulas en 2ª Cor. 13:14: "gracia del Señor Jesucristo" y "amor de Dios" y "comunión del Espíritu Santo", no se deben interpretar en el caso de genitivo subjetivo. Porque eso lleva al entendimiento de que Pablo está hablando de la comunión creada y dada por el Espíritu Santo para ser disfrutada entre los creyentes. Pero que no incluye la comunión "con" el Espíritu Santo quien la creó. La tercera cláusula se interpreta mejor en el caso genitivo objetivo que significa la participación del Espíritu Santo "con" nosotros en la comunión que Él provee. La tercera cláusula no es paralela a las dos primeras en cuanto al caso genitivo por cuanto en diferencia a las otras dos, está conectada con la declaración, "meta" en el griego o sea, "con" todos ustedes. Así como aparece en 1ª Juan 1:3. Es decir, la comunión entre creyentes es "con" el Padre y "con" el Hijo y "con" el Espíritu Santo.

[2] La sexta regla de Granville Sharp afirma lo siguiente: "Y como la inserción del kai copulativo entre sustantivos del mismo caso, sin artículos, (según la quinta regla) denota que el segundo sustantivo expresa una persona, cosa o cualidad diferente del sustantivo anterior, así, igualmente, el mismo efecto asiste a la copulativa cuando cada uno de los sustantivos va precedido de artículos. [Juan 1:17, 2:22, 11:44, Colosenses 2: 2, II Timoteo 1: 5, I Pedro 4:11]". Esto indica que si el primer referente es una persona, el siguiente que le sigue acompañado del artículo definido es otra persona. 2ª Corintios 13:14 no es una excepción a esta regla. Las excepciones a estos casos fueron declaradas en los siguientes pasajes: "[I Tesalonicenses 3:6, Juan. 20:28 y Apocalipsis 1:17-18, 2:8, 22:13]".